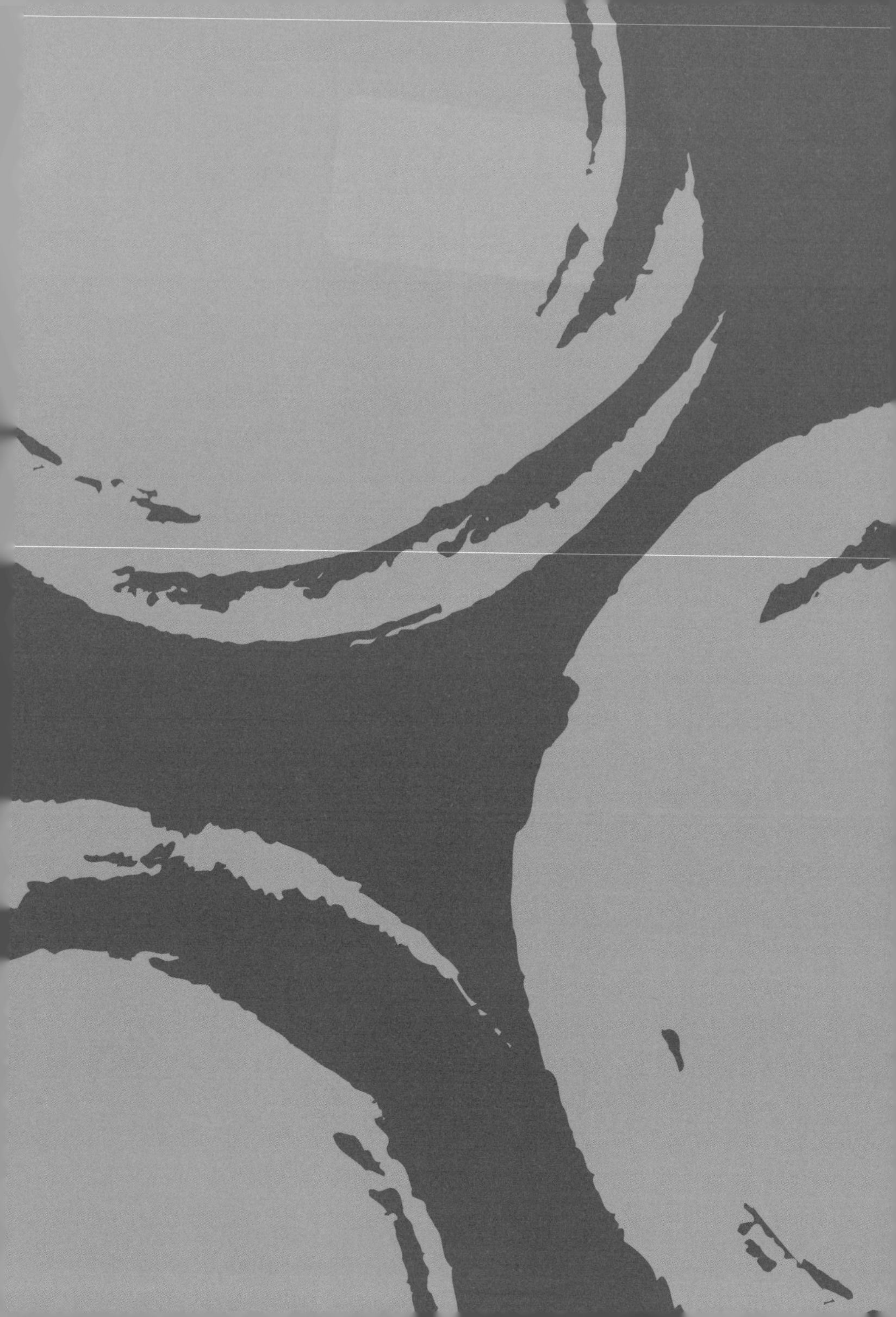

普 天 之 下 · 盡 是 好 書

普天出版家族
Popular Press Family

凌雲文創
A-Plus Creative Company

曾經有財經專家戲謔說：

「三個猶太人在家裡打噴嚏，全世界銀行都將連鎖感冒；五個猶太商人湊在一起，便能控制整個世界的黃金市場

這句話一點也不誇張，根據《富比士雜誌》統計，全世界擁有三百億以上財產的富豪之中，
猶太人所佔的比率高達七十五％。猶太人獨到的經商智慧，讓他們在世界財經舞台上，
演出一齣齣精采絕倫的搶錢戲碼……
你是否羨慕猶太人的經商才華與致富能力？你想要像猶太人一樣搶錢嗎？
那麼，你就不能不看看《大家都在學的猶太智富秘訣》。

大家都在學的 猶太智富秘訣

猶太富豪不告訴你的財富煉金術

You can also
Be a Billionaire

倪思安 編著

倪思安 編著

出版序

向猶太商人學習賺錢的智慧

借勢操作是猶太人經營致勝的一大訣竅，善於利用這個妙招，可以讓自己的「勢」呈倍數飆漲，發揮出遠勝單打獨鬥的驚人成果，且省時省力，稱得上是成功捷徑。

曾經有財經專家戲謔地說：「三個猶太人在家裡打噴嚏，全世界銀行都將連鎖感冒；五個猶太商人湊在一起，便能控制整個世界的黃金市場。」

這句話一點也不誇張，因爲，根據《富比士雜誌》公佈的數據，全世界擁有三百億以上財產的富豪之中，猶太人所佔的比率高達七十五％。猶太人獨到的經商智慧，讓他們在世界財經舞台上，演出一齣齣精采絕倫的搶錢戲碼……

國際知名金融家、猶太裔商人索羅斯曾說：「只要你擁有創造性的頭腦，任何行動都是你實踐夢想的第一步。」

在資本市場裡，猶太商人堪稱出類拔萃，美國前四百個富豪家族中，猶太人占了二十三%。全世界最有錢的企業家中，猶太人占近一半，美國著名的金融公司幾乎都是猶太人創建的，華爾街精英當中有一半是猶太人。

如果你想成功致富，那麼就必須學習猶太商人，培養敏銳的嗅覺和精準的判斷力，將自己身上的才能發揮到極致，如此才能獲得最大的利益。

在人類歷史的長河中，可以說沒有哪一個民族像猶太民族這樣，沒有家園，沒有土地，沒有生存的權利，被異族追殺、迫害，四處漂泊、流浪，飽受屈辱和磨難，饑餓和折磨。

但也沒有哪一個民族能像他們那樣在惡劣的環境中，憑著他們獨特的智慧和堅強不屈的精神生存了下來，並譜寫了人類史上璀璨的文明。

這種現象正如幽默作家馬克吐溫所描述的：「猶太人的數目還不到全人類的一%，本該像燦爛銀河中的一個小星團那樣不起眼，但他們卻經常成為人們的話題，受到人們的關注。」

確實，猶太商人的一舉一動都備受矚目，索羅斯、巴菲特、葛林斯潘、亨利·福特、洛克菲勒、摩根、哈默、海夫納、大衛·李嘉圖……這些曾經撼動、左右世界財經發展的知名人物都是猶太人。

沒有國家、沒有土地的猶太人，一直身處異地他鄉，遭人歧視，受人排擠，從客觀條件來看，什麼都沒有的他們想要出人頭地，非但不容易，簡直可以說爲妄想。

然而，事實完全不同於世人的想像，一個又一個的猶太人並沒有成爲被遺忘的社會底層人物，而是憑藉著不凡的智慧和機警，加上勤勉、忍耐的性格，成爲足以呼風喚雨的大人物。

擁有較世界船王歐納西斯更龐大事業版圖的猶太大亨洛維格，就是發揮智慧，使用超乎尋常的方式，巧妙地利用別人的錢財發家致富，終而成就偉業的最好例證。

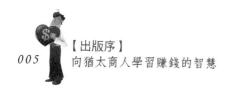

回顧洛維格的創業歷程，是從一艘船的生意開始。

他把一艘長約二十六英呎、沉入海底已經很長時間的柴油機動船打撈出來，以四個月的時間將它修復，然後租給別人，從而賺進一筆錢。受這次成功激勵的他，開始制定一連串的創業計劃。

最開始，洛維格的創業並不順利，因爲他並未完全跳脫出思維限制，找到眞正適合自己的經營方法。

直到行將進入而立之年時，某天，某個念頭突然從心中冒出來，給他強烈的刺激，指出一條新門路。

他拜訪了幾家紐約的銀行，希望對方能提供貸款，以購買一條規格和狀況都算是普通的舊貨輪，然後動手進行改裝，改造成較能賺錢的油輪。提案雖充滿創意，卻一次又一次遭到拒絕，理由是他的資本太少，沒有東西可供擔保。

面對一次次的失望和打擊，洛維格並不氣餒，反倒從中生出一個不合常規、極爲大膽的想法——用非常低廉的價格，將自己僅有的一條老油輪租給某家石油公司。然後他再次登門拜訪銀行經理，直接告訴對方自己有一艘被石油公司包租的油輪，每月可以用租金來抵付貸款利息。

幾番周折之後，紐約大通銀行終於答應借貸。

儘管洛維格本身沒有值錢的擔保物，但石油公司卻可能帶來驚人的效益，潛力很大，除非遭遇重大天災人禍，否則應支付的租金一定可按時入帳。就是憑著這一點，他得以說服銀行。

儘管這種奇異且超常的思維有些荒誕，卻促使洛維格敲開了財富的大門，找到一條獨一無二的創業路。

拿到貸款之後，洛維格立刻買下自己想要的貨輪，然後動手加以改裝，使它成爲一條航運能力較強的油輪。完工之後，他採取同樣方式，把油輪租出去，然後以租金抵押，再向銀行貸到一筆款項，然後又去買船。

這樣的過程不斷重複，就像神話一樣，他的船越來越多，而隨著每一筆貸款的還清，一艘艘油輪便回歸在他的名下，正式歸他所有。

洛維格的成功，最主要關鍵在於找到借「勢」壯大自己的妙策。

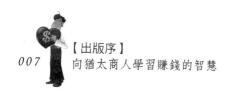

一方面，他將改裝後的油輪出租，得到與石油公司開展業務往來的背景與經驗。有了石油公司背後襯托，再加上每日租金可直接抵付利息，銀行當然樂意將錢貸給他了。另一方面，他用從銀行借來的錢，再去購買更好的貨輪，然後繼續租給石油公司，又一次進行貸款。

從這一點來看，洛維格無疑非常聰明，懂得巧妙地利用借來的錢壯大自己的「勢」，循環往復，借到的錢越多，租出去的船也就越多，而租出去的船越多，自身的「勢」就越壯大，從而換取更多的錢。

環環相扣，不斷運作，終於將他推上富豪之位。

以色列著名作家索爾．辛格說：「猶太民族是世界上最大的遷徙民族，他們在任何一個新國家都選擇和金融、法律相關的職業，進而積累起相當可觀的財富，這也是猶太人如此成功的原因。」

猶太人憑著獨特的智慧，在商業領域大放異彩。在全球資本市場裡，處處可見猶太人的影響力。聰明機敏的猶太商人靠著智力、創意縱橫商場，與對手競爭時，手法更是巧妙多變，讓人眼花撩亂。

在猶太人眼中，到處都是賺錢的機會，借勢操作更是猶太人經營致勝的一大訣竅，善於利用這個妙招，可以讓自己的「勢」呈倍數飆漲，發揮出遠勝單打獨鬥的驚人成果，而且省時省力，稱得上是最高明的成功捷徑。

洛維格只是猶太人成功致富的一個例證，和他一樣優秀、精明，甚至超越他的猶太人可說比比皆是。

你是否羨慕猶太人那彷彿與生俱來的經商與財富積聚能力？你想要像猶太人一樣搶錢嗎？那麼，你就不能不看看本書。

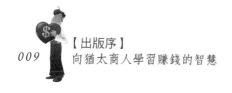

目錄 CONTENTS

輯 2

生意無禁區，誰說不可以？

許多人大嘆錢難賺，生意不好做，可是看在猶太人眼裡，卻遍地都是黃金。任何東西都能做為商品出售，在任何一個角落，都藏著寶貴的商機。

輯 3

步步為營，穩健中發展自己

猶太人愛錢，卻愛得有品、有格調。他們認為交易過程中雖一定免不了競爭、謀略，但有不能違反的規矩，必須遵循的守則。穩健中求得的勝利，才是真正可靠的勝利。

目錄 CONTENTS

輯 4

當金錢的主人，不當金錢的奴隸

善於計算金錢，培養敏銳的數字觀念，才能賺錢。不被文字或數字蒙蔽自己的認知，務求看清真正的現象。此外，猶太人也堅持培養正確的用錢觀念，不沉迷，不被金錢奴役。

大家都在學的猶太智富秘訣

輯 5

建立正確認知是致富之始

你覺得「薄利多銷」可行嗎？猶太人可絕對不贊同。他們會告訴你，世界上有將近八成的財富掌握在兩成左右的富人手裡，瞄準他們，才可能真正致富。

目錄 CONTENTS

輯 7

將市場需求滿足，當然致富

因為夠積極，所以能夠擺脫原有的惡劣限制，克服先天不足，從困厄中奮起；因為夠精明，能夠看出尚未被他人發現的市場真正需求，並透過適時加以滿足，得到擋不住的驚人財富。

目 錄 CONTENTS

輯 8

創意決定生命力

創意的好壞決定了一間公司的命運和前途，要想讓自己的創意擁有旺盛的生命力，就要從獨特的角度出發，才可能衝破困境，悠游在廣闊的空間裡。

輯 9

像算計金錢一樣算計時間

重視時間其實有另一個積極意義，就是抓緊每一分每一秒，爭取競爭的主動權，精明地搶得商機與金錢。想要精明賺大錢，必先學會對時間精打細算。

目錄 CONTENTS

輯10 事前監督，勝於事後彌補

建立監督機制，就等同懂得為自己築起一道「防騙牆」。切記，無論進行何種生意，面對怎樣的交易對象，事前的防範永遠比事後的彌補更有效。

輯 11

膽大眼利，逆境裡也有商機

即便身處逆境，只要善於觀察局勢，分析情況，發揮自己的智慧，做出最佳判斷，同樣抓得住賺錢的大好時機。搶錢的機會處處都有，發財與否，端看你懂不懂得把握。

1

統合運用你的金錢與智慧

猶太人將知識看作一種財富，充分運用，是賺取金錢的不二法門。正因為能把智慧與金錢統一的原則落實，猶太人才得以成為如此優秀的民族。

能換取財富的智慧，才是真智慧

熟知再多道理，只要不懂得運用，就一點作用也沒有。真正的財富是靠著錢滾錢生出來的，而非一點一滴地勞苦積累。

知名的哲學家維根斯坦曾經說過：「在猶太人那裡有不毛之地，可是在其綿薄的石層底下流淌著精神和智慧的泉水。」

正是這種智慧泉水讓一個個猶太人成功致富。

在現今這個經濟社會，要衡量一個人是否成功，最普遍也最容易的標準，就在所擁有財富的多寡。

一個人獲得財富的多少，往往和自身擁有的智慧多寡成正比，換句話說，如果沒有智慧，就不會有財富。

這樣看來，猶太人毫無疑問是其中的佼佼者，能夠憑藉自身過人的經商智慧，終生不懈地追求財富，累積雄厚本錢，贏得生存發展的機遇。

在猶太哲學中，能賺錢的智慧才是眞智慧，否則，再有知識也派不上用場，只不過是隻背著書本的驢子。

猶太商人賺錢，不是一味橫衝直撞，而強調「以智取勝」。

他們認爲，金錢和智慧兩者相較，智慧較爲重要。

更精確地說，金錢是衡量智慧是否實際有用的尺度，所以智慧必須化入金錢中，才具生命力與存在價值。同樣的道理，不能化入智慧，不能被靈活運用的金錢，就是毫無意義的死錢。

基於以上觀念，猶太人認爲，即便身爲一位學識淵博的科學者或哲學家，要是賺不到錢、一貧如洗，那麼腦袋裡的智慧就是死的、假的，沒有價值。

眞正的智者，必須同時滿足學識與有錢兩大條件，所以猶太人很少會讚美那些家徒四壁的飽學之士。

以下這則小故事，充分展現出他們的經商理念與智慧。

猶太人加利曾爲替一個貧窮的猶太教區爭取資源，寫信給倫貝格市一位有錢的煤商，請他發善心，爲了慈善的目的，贈送幾車煤炭。

商人回信道：「很抱歉，我不會平白送你們任何東西。不過，我可以用半價賣給你們五十車煤。」

加利一聽，立刻同意，並表示先要二十五車煤。但轉眼三個月過去，他們卻沒付出半毛錢，也不再繼續購買。

忍無可忍之下，煤商寄出一封措詞強硬的催款書。

過不了幾天，煤商就收到了加利的回信，裡面這麼寫著：「很抱歉，您提出的催款請求，我們完全無法理解。您答應賣給我們五十車煤，並減去一半價錢，這樣說來，二十五車煤不正好等於您減去的數目嗎？既然我們只留下二十五車煤，您怎麼還能要求款項呢？」

煤商一看，自然憤怒不已，但又無可奈何。他在高呼上當的同時，卻又不得不佩服加利的聰明，懂得巧妙地抓住他的語病，藉機發揮。

這個故事裡，加利既沒有耍賴，也沒有用騙術欺人，僅僅利用口頭協議的不確定性與語言破綻，就氣定神閒地坐收了二十五車煤。

猶太人在賺錢經商上的高明，由此展露無遺。

的確，猶太人愛錢，但從來不隱瞞自身愛錢的天性，所以世人雖指責他們的嗜錢如命、貪婪成性，卻又爲他們展現的坦蕩、積極等態度深深折服。只要認爲某種策略可行，或者發現某個值得奪取的商機，猶太人就一定會用比別人更快的速度插手經營，且非「賺」不可。

不僅用天然且合理的方法賺回本錢，更要進一步累積財富，如此才算眞聰明，這就是猶太人經商智慧的高超過人處。

猶太人認爲，金錢是衡量評鑑智慧的重要尺度，簡單來說，就是活的錢比不能生錢的智慧重要，但能生錢的智慧比單純的財富重要，而活的錢與能生錢的智慧相比，不分高下。

正是因為運用了將智慧與金錢辯證統一的觀點，猶太人才得以摘取「世界第一商人」的桂冠。

以下這則笑話，更可以看出將智慧與金錢結合的重要。

一位名叫卡恩的青年，站在百貨公司的大廳，欣賞著眼前形形色色的商品。在他身旁，有一位穿著相當體面的猶太紳士，正不停地抽著雪茄。

卡恩見狀，相當恭敬有禮貌地開口詢問：「您的雪茄很香，價錢應該不便宜吧？」

「兩美元一支。」

「喔！價錢眞高呢！您一天抽多少支呀？」

「十支左右。」

「天哪！您抽多久了？」

「大概有四十年了吧！」

「什麼？您仔細算算，要是不抽煙的話，那些省下來的錢，恐怕已經足夠買下這間百貨公司了。」

「這麼說來，您不抽煙？」猶太紳士突然反問。

「是的，我不抽煙。」卡恩回答。

「那麼，您買下這間百貨公司了嗎？」

「沒有。」

紳士露出微笑道：「老實告訴您，這一間百貨公司就是我的。」

透過這段對話，你是否看出了什麼道理？

誰也不能說卡恩不聰明，不是嗎？他的腦筋相當靈光，計算能力也強，一下子就能算出那位紳士四十年來購買雪茄的驚人開銷，幾乎可以買下一間百貨公司。另一方面看來，他也很懂勤儉持家、由小到大積累的道理，並始終身體力行，從不抽一支兩美元的昂貴雪茄。

但誰也不能說卡恩有活智慧，因爲他即使不抽雪茄，也沒有辦法省下足以買下百貨公司的財富。

卡恩與那位猶太紳士的分別，正在於一個人只有無法變通的死智慧，另一個人才能眞正的靠經商致富。

熟知再多道理，只要不懂得運用，就一點作用也沒有。

切記，眞正的財富是靠著錢滾錢生出來的，而非僅憑藉刻扣自己，一點一滴地勞苦積累。兩者之間，存在極大差異。

讓智慧與金錢同在

唯有化入金錢之中，智慧才是活的，也唯有化入智慧之後，金錢才有生命。活的智慧和活的金錢，難分伯仲，因為它們本來就是同一回事，並不衝突。

以智慧謀金錢，是猶太人的慣有信念，也就是說，經商成功的最大要訣，在追求智慧與金錢的同在與融合。

就憑藉著這個信念，猶太人得以成爲舉世公認、最有智慧的經商者。

不過，「智慧」這個名詞屬於模糊概念，範圍極大、定義又不清，到底什麼是智慧呢？詢問不同對象，必定各有各的說法。

在猶太商人看來，什麼是智慧的眞正定義？

有一則在猶太人之間流傳的笑話，談的正好是智慧與財富的關係。

有兩位「拉比」正在交談，其中一人率先問道：「智慧與金錢，哪一樣更重要？」

「當然是智慧更重要。」另一人回答。

「既然如此，爲何是智者爲富人做事，而非富人爲智者做事？大家都看到，學者、哲學家老是在討好富人，忍受他們的驕傲與狂態。」

「這很簡單，因爲有智慧的人知道金錢的價值，而那些擁有金錢的富人，卻不懂得智慧的重要。」

「拉比」，指的是猶太教教士，也正是猶太人一切日常生活的「教師」，經常被當作智者的同義詞。這則笑話，實際上正是所謂「智者說智」。

「拉比」的說法確實有一定道理，知道金錢的價值，才會去爲富人做事；不知道智慧的價值，才會在智者面前露出狂態。但笑話之所以爲笑話，就在於其中隱含著某種悖謬：智者既然知道金錢的價值，爲何不能運用智慧，用更高明的方法賺取？只能靠爲富人效力以獲取「嗟來之食」般的酬勞，這樣的智慧又有什麼用？眞的配得上智者兩個字嗎？

所以，學者、哲學家們口口聲稱的智慧，往往不具備眞正價值。在金錢的狂態面前俯首貼耳的智慧，根本不可能比金錢更加重要。

由此看來，富人雖沒有學者那般廣博的智慧，卻能夠駕馭金錢、聚斂金錢，並透過金錢以役使學者爲自己所用，才是眞正的智慧表現。

不過，這樣一來，金錢看似又成了智慧的尺度，變得比智慧更爲重要了。對此，你是否感到疑惑矛盾呢？

其實，兩者並不衝突。

若是活的、能夠不斷生利的錢，就比死的智慧，即不能生錢的智慧重要。換句話說，活的智慧即能夠生錢的智慧，比死的、單純的、不能生錢的錢重要。

活的智慧與活的金錢相比，哪一樣更重要？

無論從以上那則笑話的演繹，或是猶太商人們實際經營活動的歸納，我們都只能得出一個答案——唯有化入金錢之中，智慧才是活的，也唯有化入智慧之後，金錢才有生命。

活的智慧和活的金錢，難分軒輊，因爲它們本來就是同一回事。

因爲將智慧與金錢合而爲一，使猶太商人成了最有智慧的商人，也使猶太生意經成了最富智慧的生意經，引領著經營者在商場中找到正確方向，越走越聰明，而不至於迷失在接踵而來的競爭與陷阱誘惑裡。

以知識為力量，獲取黃金萬兩

經濟和科技的發展趨向全球化，知識型經濟成為爭奪相對優勢的主要手段與資本。任何抱持故步自封、因循守舊、缺乏遠見和不求上進消極思想者，都將注定遭遇失敗。

「知識就是力量」是一句流傳久遠，衆人都耳熟能詳的諺語，對於這句話，猶太人始終深信不疑。

猶太人認爲，知識是智慧的發源，如果沒有知識，智慧就無從談起，而沒有智慧，不可能成爲眞正的商人。猶太商人大多學識淵博、頭腦靈敏，堅信知識是引導致富最強大的力量，胸中有墨水才能引來黃金萬兩。

爲求獲取充足的知識，猶太人不僅看重學校的正規教育，也很注重自學。衆所周知，學校是獲取基礎知識的場所，但很多專業知識及實際操作技術，只有透過實踐才可能獲得並繼續增長。因此，猶太人向來對獨立獲取知識的技能非常在意，力求從工作中成長、進步。

在猶太人眼裡，知識和金錢成正比，唯有同時具備豐富的閱歷和廣博的商務知識，才能減少在商場上犯錯，避免多走冤枉路。這是賺錢的根本保證，也是優秀商人應具備的基本素質。

猶太人認為，一個僅能從單一角度觀察事物的人，不但不配做商人，甚至算不上一個完整健全的人。他們樂意與學識淵博的人打交道、做生意，對沒有基本學識的人根本不屑一顧。

一位猶太珠寶商人曾在合約簽定之前，詢問未來的合作夥伴：「你知道大西洋底部有哪些魚類嗎？」

對方一聽，頓覺丈二金剛摸不著頭腦，莫名其妙。問這個牛頭不對馬嘴的問題，跟即將進行的生意有什麼關係呢？

但猶太商人有自己的想法，在他看來，一個成功的珠寶商人不僅需要資本，更需要精明的頭腦與豐富學識。若是連大西洋底部有哪些魚類都瞭若指掌，必定不會被經營珠寶的基本知識難倒，能夠隨時做出全面、周到的分析，而和這樣的對象合作，肯定能賺錢。

在濃厚的宗教影響和文化氛圍薰陶下，猶太民族對教學和學習的重視可說蔚然成風，形成一種全民學習、全民都有文化的優良傳統。儘管早期猶太民族的學術研究，主要以神學爲取向，涉及知識面較爲狹窄，但由於日後不斷受到迫害，流散於世界各地，知識的涉獵面很快加深、加廣，開始廣泛地吸收世界各國各民族的文明成果，並納爲己用。

另有一個值得一提的現象，就是即便時代不斷地進步、轉變，他們勤學苦研的傳統從未中斷，這使得猶太人，特別是猶太青壯年們，在調節心理適應力、增強民族凝聚力和激發求生存謀發展的創造力上，具備了更大能量。

正是源自這種傳統的繼承，使猶太人不管流散到哪裡，整體文化素質仍比別的民族更高。以美國爲例，在金融、商業、教育、醫學、法律等高文化行業中，美籍猶太男性佔總數的七十%、女性則佔四十%。

而在地位與收入最高，要求也同樣最高的兩大職業——醫生和律師中，猶太人所佔的比例仍是最大。根據一項統計，美國共有三萬多名猶太醫生，佔私人開業醫生總數的十四%，另有約十萬名猶太律師，佔美國總律師數的二十%左右。

憑藉高素質的文化，猶太人得以在擇業和創收方面取得高人一等的成就。

猶太人視知識為財富，認為「知識不會被他人搶奪，且可隨身攜帶，是一種不可忽視的強大力量」，所以十分重視教育。在猶太人之間，向來有種說法，認為一生有三大義務，第一就是教育子女。教育子女，目的在於讓後代能從競爭激烈的社會中求得生存發展，壯大自身與民族的力量。

猶太人對教育相當重視，甚至更勝於過往看重的宗教和神學，他們認為現代社會經濟與科技發展迅速，生活處於激烈變動與前進中，科學知識日新月異，如果不藉著教育充實自己，必定跟不上時代發展的步伐，遭到淘汰，自然也就更不用說賺錢致富了。

新科技與產品的壽命，正在不斷縮短，新的工業革命可說無時無刻不在上演。當今世界經濟和科技的發展趨向全球化，知識型經濟成爲爭奪相對優勢的主要手段與資本。身處如此多變的世界，任何抱持故步自封、因循守舊、缺乏遠見和不求上進消極思想者，都將注定遭遇失敗。

猶太人深深了解「不進則退」、「精益求精」的道理，不但自身努力學習，拚命吸收新知識，對後代的培養更是不遺餘力。

猶太商人的觀念無疑是正確的——知識就是致富的力量。

事實清楚證明，能掌握知識，便等同握有最強悍的力量，因此，猶太商人成爲第一流的商賈，於各領域呼風喚雨，傲視世界。

用別人的力氣成就自己

猶太人之所以總是能從競爭中取得過人成就，在於觀念與做法的正確，他們懂得一個道理：經營任何事業，都不可能一步登天，因此必須藉各種不同的策略協助自己，往目標靠近。

人類自從逐漸走上文明之路，便開始意識到自身的不足，並致力於尋求「借勢借力」的辦法。槓桿原理便是一種爲「借」力而生的發明，其後，又以爲根基，逐步發現滑輪原理與其他。

隨著時代的演進，今日，只要一個人坐在起重機上，就可以搬動數噸重的鋼材、貨櫃。正是依靠著頭腦的作用，使人類足以將力量發揮到極致。

聰明的猶太人，更是「借」人之力的佼佼者。

不論在商界、政界還是科技界，凡是享有成功與盛名的猶太人，必定都是能善用他人之「勢」，巧借他人之「智」的高手。

美國前國務卿季辛吉，不僅在外交工作表現出色，政治手腕高明，即便只是處理白宮內的事務，同樣展現出過人智慧，巧於借用他人力量。

他有一個慣例，凡是下級呈報上來的工作方案或其他議案，只要不是急件，不會馬上就看，而是壓個幾天後，再把提出方案或議案的人請來，詢問：「這是你最成熟的想法或方案嗎？」

聽到如此特別的疑問，對方通常會有些吃驚，短暫思考後，回答說：「也許還有不足之處，可否讓我再做進一步修改呢？」

一段時間之後，提案者會再次送上修改過的議案，此時季辛吉會再仔細地看過一遍，然後詢問：「你確定這是你能做到的最好方案嗎？還有沒有別的、更好的辦法？」

如此一來，提案者自然又陷入更深層次思考，決心繼續研究。

一來一往過程中，提案者得以發揮智慧，提升自己的能力，季辛吉也達到目的，得到最好的提案。

這不愧爲猶太人的高招，也點出了他們成功的訣竅。

猶太人米歇爾．福里布林經營的大陸穀物總公司，能夠從一間小食品店不斷成長，搖身一變成爲世界最大的跨國穀物經銷企業，主要在於善於借助先進的通訊科技、大批懂技術和經營的人才。

對於人才，米歇爾不惜成本，寧可投資大筆資金。他清楚知道，雖然付出很大代價，卻能夠換得資訊與人力上的優勢，好好運用這些力量，日後收回的成果必定比支出豐碩許多。

石油大王洛克菲勒的奮鬥過程，也是一段精采故事。

雖說洛克菲勒經營的公司業務蒸蒸日上，但畢竟是白手起家，財力有限。這一點，使洛克菲勒深感不足，因爲他的夢想不僅僅是賺錢，還要壟斷煉油業的運輸和銷售。

經過詳細調查和慎重分析，洛克菲勒認爲：「原料產地的石油公司們，在需要用鐵路的時候就用，不需要的時候便置之不理，態度反覆無常，經常使得鐵路公司無生意可做，相對來說，獲利也非常不穩定。」

「如果我們與鐵路公司訂下保證日運油量的合約，對他們來說將有如荒漠甘泉般寶貴，必定願意在運費上多些折扣。折扣的秘密只有我們和鐵路公司知道，如此一來，其他煉油公司佔不到便宜，必敗無疑，壟斷石油產業界指日可待。」

洛克菲勒隨即展開行動，在兩大鐵路巨頭顧爾德和凡德畢爾特之間權衡，最後選擇了貪得無厭的鐵路霸主凡德畢爾特作爲談判對象，並達成協議：洛克菲勒保證每日輸運至少六十車原油，但鐵路公司必須給予二十%的折扣。

這一招，不僅奪得了鐵路的壟斷權，而且大大降低自身原油的運輸成本，得以藉低廉的價格贏得廣闊的市場，厚植競爭實力，等同朝控制世界石油市場的終極目標邁進了一大步。

與其他同行相較，單就資本而言，洛克菲勒無疑較弱，未必有辦法在直接競爭中獲勝。他的高明，就在於能夠巧妙地借助第三者——鐵路霸主的力量，以低廉的價格壓過同行，使野心得以實現。

猶太人之所以總能從競爭中取得過人成就，在於觀念與做法的正確，他們懂得一個道理：經營任何事業，都不可能一步登天，因此必須藉各種不同的策略協助自己，往目標靠近。

而「借力」、「借勢」，用別人的力量成就自己，就是成功的一大訣竅。

借雞生蛋，白手也能度難關

「借」的策略，首先必須找到一位有實力的靠山，將他的利益與自己的目標緊緊捆綁在一起，使彼此成為不可分割的命運共同體，對方自然不得不幫助自己。

聰明的猶太人相信，世界上沒有借不到的東西。一切都可以靠借，無論是資金、技術，或者人才，只要有需要，就可以想個方法弄到手，爲自己所用。

猶太人認爲，世界早已經準備好了致富成功所需要的一切資源，自己所要做的，既不是運用暴力粗鄙手段奪取，也不是停留原地空自等待、羨慕，而是技巧地把它們搜集起來，並運用智慧進行各種組合。

事實上，猶太商人並不排斥無本經營，但是他們想出來的辦法比一般人更加積極，那就是「借錢賺錢」。

借錢賺錢是無本經營者普遍使用的一種方法，因爲兩手空空，舉步維艱，所以非得靠借錢，才可能找到出路。

著名的飯店大王希爾頓從被迫離開家庭，到成爲身價五．七億美元的富翁，只用了短短十七年時間。問起他的發財秘訣，說穿了就是借資源經營。但他的過人之處，在於借到資源後，能不斷地再生新資源，豐厚自己的資本，最終成爲所有資源的主人，名副其實的億萬富翁。

希爾頓年輕的時候，便一心想要發財，可是一直找不到機會。一天，他正在街上閒逛，突然發現整個繁華的商業區，竟然只有一間飯店。

靈光一閃，他心裡想，若能在這裡建一座高級旅館，必定生意興隆。於是，他認眞研究了一番，結論是達拉斯商業大街轉角地段的一塊土地，各方面條件都相當適合做飯店用地，值得一試。

得知這塊土地的所有者，是一個叫老德米克的房地產商人之後，希爾頓便立刻前往拜訪，說明來意。老德米克當時的開價為三十萬美元，希爾頓沒有馬上做決定，而是請來建築設計師和房地產評估師進行評估，結論是若按照他的理想去興建，所需費用起碼為一百萬美元。

希爾頓找了一位朋友，請他一起出資，湊出十萬美元，但仍然遠遠不足，連買地都不夠，更別說是建旅館了。因此，大家都嘲笑他是癡人說夢。

希爾頓再次找上老德米克，表示願意以三十萬美元的金額購買土地，然而就在簽約前夕，卻忽然對老德米克說：「我買你的土地，是為了建造一座大型飯店，但說實話，我手邊的錢只夠建造一般的旅館。所以經過考慮，我決定不買你的土地，改為租借，你覺得呢？」

老德米克一聽，相當不高興，希爾頓接著又以非常認真的口吻對他說：「如果我可以只租借你的土地的話，租期就定為九十年，分期付款，每年租金為三萬美元，你可以保留土地所有權。如果我沒辦法按期付款，你大可以馬上收回土地，連同我所建造的飯店。」

這下子，老德米克轉怒為喜，心想真是太好了，雖沒有了三十萬美元的土地出讓費，卻換來兩百七十萬美元的未來收益，而且保有土地所有權，還可能包括上面的建物，極為划算。於是，交易很快地談成。

透過這一個變通方法，希爾頓第一年只需支付地主三萬美元，等於省下了二十七萬美元的支出。但是與建造旅館需要的一百萬美元相較，仍有很大差距。

於是，希爾頓又前往拜訪老德米克，表示：「我想以土地作為抵押向銀行貸款，希望你能同意。」老德米克非常生氣，卻也無可奈何。

就這樣，希爾頓擁有了土地使用權，順利地從銀行獲得三十萬美元，加上支付給老德米克三萬美元後剩下的七萬美元資金，共有三十七萬美元。接著，他又找上一名土地開發商，說服對方一起投資，得到二十萬美元。

一九二四年五月，希爾頓飯店正式開工，但工程進行一半左右，五十七萬美元便宣告用罄，再次陷入了困境。這一回，他仍是向老德米克求助，如實說明了資金上的困難，希望對方同意出資，協助繼續完成。

希爾頓說：「等到飯店一完工，你就可以直接擁有，不過請租賃給我經營，我每年付給您的租金，不會少於十萬美元。」

其實這個時候，老德米克早已經被套牢，如果不答應，不但希爾頓的錢收不回來，自己的錢也同樣一分都回不來，只好答應。

當然，這個決定對他來說並不吃虧——不但土地是自己的，連飯店都是自己的，每年還可以拿到豐厚的租金收入，於是他同意出資協助工程的繼續。

一九二五年八月四日，以希爾頓爲名的「希爾頓飯店」落成開幕，由此，他的人生開始步入輝煌時期。一步又一步，終至最後成爲旅館業鉅子。

就是因爲善於操弄「借」的奧妙，希爾頓得以用五千美元在兩年時間內完成自己的龐大計劃。

「借」的策略，雖然聰明，說穿了其中道理並不難理解。

首先必須找到一位有實力的靠山，想盡一切辦法將他的利益與自己的目標緊緊捆綁在一起，使彼此成爲不可分割的命運共同體，如此，對方自然不得不幫助自己，往實現目標的方向邁進。

不只搶錢，更要動手「種」錢

必須分清機會和運氣的差別，並以不同的態度面對。應該這樣告訴自己：我不排除運氣，但相較之下更重要的，還是在用自己的「財商」，挖掘出隱藏在生活裡的機會。

常聽人說起「智商」，那麼，你是否知道何謂「財商」？簡單來說，財商，就是縱橫商場必備的經商智慧。要想獲取更多的金錢，成功致富，非得設法讓自己成為高財商者不可。

美國知名理財專家喬．史派勒著有一本名叫《動手來種錢》的書，受到猶太商人一致推崇，認為與他們所奉行的致富理念相當接近。

書中是這樣描寫的：有一個窮光蛋，全身只剩下十美分，因此他提醒自己，用掉任何一分錢的同時，都要設法讓這筆錢以十倍或更大的倍數返回自己的口袋，例如想要花掉一美分，就得先賺入十美分。

這個方法帶來了驚人的成果，憑藉著一個小小決心，一路錢滾錢，這個人由此財源廣進，最終搖身一變，成爲腰纏萬貫的富翁。

聽完這個故事，想必所有有志憑經商致富的人，都會感到躍躍欲試，期待開此動手「種」錢。但在這之前，猶太商人認爲必須釐清幾個問題：

●淘金還是賣水

十九世紀中葉，加州發現金礦的消息傳遍全美國，引起不小的騷動。許多人都認爲這是個千載難逢的發財機會，紛紛啓程奔赴加州。

十七歲的小農夫亞默爾，也加入這支龐大的淘金隊伍，成爲其中一員，和所有人一樣，懷著美好夢想，向加州前進。

一夜致富的淘金夢的確非常美、非常吸引人，想當然爾，不出多久時間，加州便遍地都是淘金者。但黃金不是作物，數量本就相當稀少，自然不可能如淘金者的意願四處出現，反倒越來越難找。

原先一片大好的局勢開始轉變，不但金子越來越難淘，生活也越來越艱苦。當地氣候乾燥，水源奇缺，讓許多不幸的淘金者非但不能圓夢，反倒連命也賠進去，成了異鄉的無主孤魂。

亞默爾在抵達加州後，立刻全力投入挖礦，但就和大多數人一樣，不僅沒有發現黃金，還被饑渴折磨得半死。一天，他坐在礦坑邊，望著水袋中僅有的、捨不得喝完的水，聽著周圍礦工對缺水的抱怨，突發奇想喊道：「淘金的希望太渺茫了，還不如賣水呢！」

亞默爾毅然地選擇放棄對金礦的執著，將手中的挖礦工具變成挖水渠的工具，不辭辛苦從遠方將河水導引入水池，再以細沙過濾，成爲清涼可口的飲用水，然後裝進桶裡，挑入山谷，一壺一壺地賣給挖金礦的人。

當時，許多人認爲亞默爾胸無大志，紛紛嘲笑他道：「千辛萬苦來到加州，不挖金子發大財，卻幹起只有蠅頭小利的小買賣，眞沒出息。你如果只想賣水，又何必留在加州呢？」

亞默爾卻完全不爲所動，堅持繼續賣水，因爲他已經看見了不起眼小生意背後的龐大商機。哪裡有如此的好買賣？只需要把無成本的水賣出去就能賺錢。哪裡有如此的好市場？成千上萬個乾渴難忍的人都眼巴巴盼著他的水呢。

最後，絕大多數淘金者都空手而歸，亞默爾卻靠著賣水，在很短的時間內便賺入幾千美元，在當時，算是一筆非常可觀的財富。

「高財商者」的過人之處，就是無論身處什麼樣的情況，都能發現致富的機遇，似乎對財富有一種特別敏銳的感覺，不放過任何可能機會。相較之下，低財商者就完全相反，只能任財富從自己身邊溜走，什麼也抓不住。

●誰說小錢不能致富

有兩位年輕人一同抵達一個大城市，開始尋找工作，其中一名是英國人，另一名則是猶太人。一天，當他們在街上行走時，看見路邊有一枚掉落的硬幣。英國青年看也不看便走了過去，猶太青年卻相當開心，彎下腰將它撿了起來。

英國青年看著猶太青年的舉動，不禁露出鄙夷的表情，心想：這個人竟連一枚硬幣也撿，眞沒出息！

猶太青年則望著英國青年遠去的背影，心中感慨道：竟讓錢白白地從身邊溜走，這個人眞沒出息！

後來，兩人同時進入一家公司工作。那間公司的規模很小，工作內容很繁雜，薪水卻不高，英國青年待不到一個月，便很不開心地離職了，猶太青年則不然，高高興興地留了下來。

兩年後，兩人在街頭相遇，猶太青年已成爲一間小公司的老闆，事業頗有成就，驕傲的英國青年卻還找不到理想工作。

英國青年對此無法理解，疑惑道：「你這麼一個看來沒出息、沒志向的人，怎麼能如此快地發大財呢？」

猶太青年笑著說：「因爲我不像你，不會故作紳士地從一枚硬幣上走過去。我願意珍惜每一分錢，你卻連一枚硬幣都不要，怎麼可能發財？」

英國青年的失敗，在於方法與態度錯誤。

如果眼睛只盯著大錢，對小錢棄之不顧，那麼將永遠無法穩當地開始，自然也就不可能累積財富了，這就是問題的答案。

對「高財商者」來說，金錢的積累，正是從不起眼的小硬幣開始。一個縱橫商場的成功致富者，絕對不會因爲錢小而棄之不顧，因爲他們知道，任何輝煌的成功，都是從頭一點一滴積累起來的。

沒有腳踏實地的奮鬥態度，就不可能得到多大的財富。

對金錢的態度，正反映了一個人的人生和事業觀，能先秉持面對誘惑與機會不好高騖遠的正確態度，才能腳踏實地爲前程打下堅實基礎。否則，即便只是小收入，也必定失之交臂。

●釐清機會與運氣的差別

我們可以發現，辛勤者中有貧有富，同樣的，已取得成功的人，成就亦有高低差別。更令人疑惑的是，總有些看來並不辛勤的人，卻能夠成功致富。

事實上，正是因爲這些差異的出現，社會面貌才呈現出多姿多彩的變化，而促成社會面貌變化的其中一個重要因素，就是機會。

因此，曾有人說過這樣的一句話：「機會，是上帝的別名。」

當特定的時間點到來，各方面因素配合恰當，就會產生有利條件，誰能慧眼看出，最先加以利用，動員手上的人力、物力，從事投資，誰就能更快、更輕易地獲得成功，賺取財富。

有利條件的聚合，便是我們所說的機會，等同抓到獲取的捷徑與鑰匙。就像要拿到紅利，必須先出錢投資一樣，想獲得機會，也必定得先有所犧牲，無論是時間、收入、安全生活或享受，以求全神貫注做好準備，及時採取行動。

確實，創業致富多少得靠一些運氣，但運氣絕非機會，可不要把兩者混淆了，否則將做出錯誤判斷，招致損失。

運氣帶有偶然、意外性質，機會則不然，就是兩者的最大差別。有個人去買樂透彩，結果中了頭獎，由於純屬意外，無法預知，更無法藉著某種方式再次獲得，便只能歸納為運氣導致的結果。

提煉青黴素的佛萊明，原本只打算培養葡萄球菌，黴菌的出現，完全出乎他的意料。對他來說，黴菌是個不速之客，但與中頭彩有著顯著區別。中獎沒有夾雜任何機會，而發現青黴素這個收穫，則在運氣之外，夾雜有機會。

以某種方式培養葡萄球菌，就會產生黴菌，雖然佛萊明當時並不知道這個道理，仍是一種不容推翻的客觀事實。

由此可知，機會與運氣的最大差別，就在於日後的「價值」。買彩券中頭獎，除了讓得獎者撿到一次大便宜，此外便別無價值，也無法得到創造未來的有利條件，因此不等同機會，只能算是運氣。

佛萊明在發現黴菌之後，可能有兩個反應，一是覺得自己的研究被阻撓，感到相當麻煩，因此乾脆不予理會，二是感到好奇，決定進一步從事研究。如果當時佛萊明採取前一種態度，那麼今日青黴素的發明者就絕對不可能是他，而會換成別人。因爲佛萊明能夠及時掌握機會，所以獲得過人成就。

創造財富的過程中，必須分清機會和運氣的差別，並以不同的態度面對。應該這樣告訴自己：我不排除運氣，但相較之下更重要的，還是在用自己的「財商」，挖掘出隱藏在生活裡的機會。

唯有如此，才能善用所有可能帶來財富的契機，成爲眞正的成功者。

•有企圖心，但絕不要貪心

一位富翁不愼在散步時弄丟了愛犬，於是透過電視台發佈啓事，表示只要有人能送還愛犬，付酬金一萬元，並四處張貼小狗的照片。

尋犬啓事發出後，登門送狗者絡繹不絕，卻都不是富翁記掛的愛犬。一段時間之後，富翁把酬金提高爲兩萬元。

想不到，一位乞丐竟在公園裡發現了那隻狗。他知道只要送回小狗就可以拿到兩萬元酬金，興奮得整個晚上都睡不好覺。

次日一大早，他便抱著狗出門，準備去領酬金。

當他路過一家大百貨公司的電視牆時，無意抬頭一看，竟又恰巧看見了那則啓事，不過賞金已由兩萬元上漲到三萬元。

乞丐駐足原地，心想，既然賞金還在增長，可見狗本身的價値非凡，我如果再等個幾天，說不定可以撈到更多錢啊！

於是他馬上轉身走回自己的破屋，把狗拴在裡面，靜靜等待消息。

果然，幾天之後，懸賞金額又漲至五萬元。

接下來的幾天時間裡，乞丐什麼也不做，就只一直盯著百貨公司外牆的大螢幕，直到酬金漲到使全城的市民都爲之驚訝的程度，他終於心滿意足地返回破屋，準備領賞。可是門一打開，卻發現小狗早已因爲水土不服和營養不良一命嗚呼了。

想一想，爲什麼乞丐無法得到賞金？

是他不渴望財富嗎？答案當然是否定的，他對財富的渴望程度無庸置疑，但卻敗在不懂抓住機遇，最後只好眼睜睜看著發財的機會從面前溜走。

所以，猶太商人堅持，只有具備「高財商」，才可能眞正創造財富，並在最恰當的時機，伸手將稍縱即逝的機運抓住。

賺得到錢，便不分貴賤

在猶太人看來，錢是沒多大區別的，既然都是錢，就誰可以賺。賺錢的同時，猶太人也靠「尊重」自身內在的自然要求，保持住經商時的平衡心理。

猶太人散居世界各地，雖然有國籍之別，但是他們都互視爲同胞，而且經常保持密切的聯繫。猶太人在經商過程中得到一個寶貴經驗：貿易之中無成見，要想賺錢，就得打破既有的成見，就像金錢沒有骯髒和乾淨之分一樣。

猶太人對交易的對象也是不加區分的。只要能賺錢，達成生意協定，能從對方的手中得到錢，就可以做。在猶太人的觀念中，除了同種族之外，一律被稱之爲外國人。爲了賺錢，不管哪一國人，都是他們交易的對象。他們絕對不會因爲交易對象的宗教信仰、膚色、社會性質，而放棄一樁能賺錢的生意。

猶太人聰明地認識到：要賺錢，就不要顧慮太多，不能被傳統習慣和老舊觀念束縛；要敢於打破舊傳統，接受新觀念。

眾所周知，金錢是沒有國籍的，所以，賺錢不應當區分國籍，也不應爲自己計劃賺錢的種類限制圈子。這正是猶太人的成功所在。

一方面，猶太商人在文化背景上沒有受到禁慾主義束縛。猶太教中總體上從來沒有這方面的要求，猶太生活也從未分化成宗教與世俗兩大部分。猶太人在宗教節期間有苦修的功課，但功課完畢之後，便是豐盛的宴席。所以，那種形同苦行僧般的生活方式，不是猶太商人的典型。

另一方面，從猶太商人集中於金融行業和投資回收較快的行業來看，他們本來就把注意力集中在「錢生錢」而不是「人省錢」上面。靠辛辛苦苦攢小錢的人，不可能有猶太商人身上常見的那種冒險氣質。

兩大因素的結合，使猶太商人的經營方式和生活方式形成了鮮明對照。在業務方面，猶太商人精打細算到了無以復加的地步，成本能省一分就省一分，價格能高一點就高一點。但在生活上，類似於每天吸昂貴的雪茄十支，並不是什麼罕見的現象。即使節儉到冬天不生火爐的上海猶太商人哈同，也捨得以七十萬兩銀元修造全上海灘最大的私人花園愛儷園，以取悅自己的愛妻。

猶太商人的這種生活方式，令同為當今世界著名商人的日本人嘆為觀止。猶太商人不管工作如何忙，對一日三餐從不馬虎，總留出時間，還要吃得像樣，而且進餐之時忌諱談工作。

而日本商人的人生格言卻是：「早睡早起，快吃快拉，得利三分。」兩相對比，日本人必定大感無奈：「僅僅為得三文錢，就必須快吃快拉，這是何等小家子氣的表現！」

吃飯的態度，只是對猶太人生活方式的一點表現。他們每週還要過整整二十四小時不談工作，甚至不想工作的安息日！

猶太人是世界上最諳熟「平常心即智慧心」的道理的民族；猶太教靠尊重信徒的生理心理要求，保持住他們的虔誠，猶太商人也同樣靠「尊重」自身內在的自然要求，保持住經商時的平衡心理。常言道「利令智昏」，一個在工作與利潤問題上拿得起放得下的商人，智力才不會衰竭。

早期好萊塢的巨頭之一，白手起家的猶太人路易斯，塞爾茲尼在告誡兒子大衛——電影〈飄〉的製片人時說：「始終記住，不要按你的收入過日子，這樣能使一個人獲得更大自信！」

猶太人認爲，對於一個商人來說，沒有什麼比自信更爲重要的了。它能使人發揮原有的能力和才智，能使同伴增加信任，能使對手感到壓力。一個氣定神閑、心平氣和的商人，才像眞正成功的商人。

總是有一些人在賺錢時，特別注意錢的出處，開當鋪、收購垃圾、賣棺材之類的錢，往往被大多數人認爲是骯髒的錢，規規矩矩地工作掙得的錢，才是乾淨的錢。在猶太人看來，錢是沒多大區別的，既然都是錢，就誰可以賺，猶太人關心的是錢，而不是錢的性質。把錢加以區分，是一件無聊透頂的事，既浪費時間又束縛思想。這是猶太商人的一大特點。

2

生意無禁區，誰說不可以？

許多人大嘆錢難賺，生意不好做，可是看在猶太人眼裡，卻遍地都是黃金。任何東西都能做為商品出售，在任何一個角落，都藏著寶貴的商機。

想賺錢，請先吸引女人的視線

猶太人堅信，男人來到世界上是為了賺錢，但賺錢並不代表有錢，因為他們會拱手讓出「消費決定權」，以表示對伴侶的真心。所以，如果想賺錢，就必須盯緊女人。

猶太人的經商秘訣之一，就是「瞄準女人」。

猶太人行商歷史悠久，至今達四千年。回顧並總結他們的經驗，必定有這麼一條——瞄準女人的錢包。對於此一「眞理」，猶太人從不懷疑。

按照猶太人的思維邏輯，他們是如此解釋的：男人工作賺錢，女人則使用男人所賺的錢，維持正常的生活。既然決定經商，自然就要席捲別人的錢，想賺錢，就必須瞄準女人，發動攻勢。

因此，「瞄準女人」便成了猶太人經商必奉行的圭臬。

全美知名的梅西百貨公司，最初起步時，不過只是一家小商店，能夠在三十多年經營後脫穎而出，與創始人史特勞斯的經營方針大有關係。

史特勞斯創立梅西百貨公司後，便花很長一段時間，仔細觀察商場的來客數量與購物狀況，發現一個現象：上門的顧客，以女性居多，即便是男女結伴前來，購買的最終決定權仍在女性手中。

史特勞斯的女性用品專營店在剛開業時，只經營時裝、手提袋和化妝品，幾年之後，增加了鑽石和金銀首飾等專櫃。以設在紐約的梅西百貨公司爲例，六層的購物空間中，女性用品便佔了四層，陳列綜合商品的另外兩層賣場，也可以找到不少專爲女性擺設的商品。

「我盯住了一大群女人。」史特勞斯相當得意地說：「不，更準確地說，是梅西百貨的所有店員都盯上了女人。」

不僅僅是猶太人，其他民族的經商者，也對此大表贊同。例如秉持「盯緊女人」原則的日本人佐藤，便因此成為經商高手。

最開始，佐藤博士在繁華的東京銀座開了一家百貨商店，但兩三年過去，生意一直不怎麼樣。於是，他專程前往拜訪一位猶太商人，請教改善生意的秘訣。這位猶太商人聽完他的敘述後，只說了四個字——「盯緊女人」。

佐藤博士聽取建議，決定將主要營業目標鎖定在女性身上。

首先，他為女性顧客騰出了全部的營業面積，接著將營業時間一分為二，白天針對家庭婦女，擺設衣料、廚房用品等生活必需品，晚上則全部換成上班族喜愛的時髦用品，如精美內衣、名貴香水、精緻小擺飾等等，僅襪子一項單品，花色就不下百種。

這招達到的效果，比想像更驚人，登門購物的顧客越來越多，以致營業面積日顯不足。在受諸多原因影響，無法仿照百貨公司擴建經營的前提下，他果斷地做出決定——專營女性內衣及襪子。

佐藤女性內衣及襪子專營店，就這樣熱熱鬧鬧地開張了。

縮小範圍的專業經營，使以往的常客銳減，但也因獨具特色而一炮打響名聲，傳播四方，吸引了更多的女性前來購物。再加上可供顧客選擇的品項豐富，款式流行，專營的進貨量大，享有成本與價格優勢，使得生意比過往更好。

最後，佐藤專賣店的分店數量突破一百家，成了引導全日本女性襪子和內衣市場的先鋒。

「盯住女人」的結果，果然使佐藤成功致富。

佐藤曾和一位朋友談及女性消費者的特點，以及弱點，他是這樣說的：「原價一百元的東西降價爲九十五元，從三位數降到兩位數，男人可能不爲所動，女人卻會非常開心，感到便宜許多。」

「男人會花錢去買便宜的、眞正需要的東西；女人則正好相反，會花錢去買昂貴的、根本不需要的東西。」

「只要廣告提到某家公司正在某地舉辦大拍賣，大多數女人就甘願花更多的車費和時間，去購買一樣其實只便宜幾十塊錢的東西。」

「女人的觸摸往往象徵著暗自揣測，若沒有摸一摸、揉一揉衣物，她們很難下定決心購買。當然，其他商品也是一樣。」

「因此，就算是不可試吃的食品，女人也要用手捏一捏，再三端詳，以求鑑定品質。精美的商品若被不透明紙袋完好地包裝著，放在櫥櫃裡，會讓女人們不敢做大膽的購買嘗試，因此未必是好方法。」

「與其大費唇舌地向女人推銷，不如讓她們摸一下、看一下。」

佐藤對女人的研究已經到了和猶太人一樣高明的境界，他不僅要把商品以高價賣給女人，還要讓她們心甘情願，轉不開視線，一買再買。

除了以上心得，對於「打開女人的荷包」，他還有另外的妙招：

- 大的商品比小的商品醒目。
- 動態的物體比靜態的物體醒目。
- 色彩鮮明的比色彩晦暗的醒目。
- 背景協調單純的比背景繽紛雜亂的醒目。
- 圓形的比方形的醒目。
- 人比物醒目。

- 外國貨比本國貨醒目。
- 與顧客有切身關聯的，比跟顧客無關聯的醒目。
- 漂亮的模特兒很有促銷效果，因為男人愛看，女人也愛看。

猶太人堅信，男人來到世界上是爲了賺錢，但賺錢並不代表有錢，因爲他們會拱手讓出「消費決定權」，以表示對伴侶的眞心。

所以，如果想賺錢，就必須盯緊女人。

瞄準男人，只能搶得他們的錢。瞄準女人，可以連男人的錢都一起搶到手。

何者較有效益呢？當然，答案不言可喻。

男人掙錢，女人享受消費權

猶太人認為，聰明的商人應該有獨具慧眼的搶錢竅門，而賺女人的錢就是其中最有效的一種，因為在這個世界上，儘管男人大把大把地掙錢，開銷權卻牢牢握在女人手上。

你是否感到疑惑，爲什麼走在鬧區大街上，販賣女裝、女性用品，或消費客群明顯瞄準女性的商店比比皆是呢？

答案其實很簡單，因爲比起男人，女人無疑有更大的消費慾望與消費權。

凡是成功的猶太商人，在經商時，都會奉行以下原則：

- 出外掙錢的大多是男人，但花錢的卻是女人。
- 錢是男人掙的，開銷權卻掌握在女人手裡。
- 讓女人掏腰包的機會，遠比讓男人掏腰包的機會多得多。

- 從男人身上賺錢，難度要比以女人為對象大上十倍。
- 盯緊女人，注意她們的喜好，打動她們的心，生意將更容易成功。

猶太人會很有把握地告訴你，這是透過經商經驗累積成的眞理，絕對禁得起時間考驗，只需要遵從，不需要證明。

「從猶太民族有文字記載開始，相似的語句就一再出現。千年以來，歷史不斷告訴我們，男人工作賺錢，女人則使用男人所賺的錢。」

「『經商』兩個字的眞諦，就在於席捲別人所有的錢。所以，不論時間地點，要想賺錢，就必須對女人展開攻勢，奪取她能夠持有的、所有的錢——她自己的，以及男人的。」

自認爲具有經商才能的人，或者不甘於只做平淡小生意的人，如果能瞄準女人經商，一定會更得到更豐盛的收穫。

以滿足女性顧客爲主要訴求的生意最好做，想想，那些閃耀發光的鑽石、豪華的禮服、戒指、別針及項鍊、鞋子，甚至高級的皮包等商品，不都是足以讓女人趨之若鶩的最愛嗎？

一定要掌握這個觀念——打動女人的心，可使生意成功。

比較女人和男人的消費習慣，可以發現相當差異。拿花錢這個日常行為來說，男人多半只買自己眞正需要的東西，女人則極有可能會受到許多因素影響，買下自己並不需要的、甚至有些多餘的東西，只因爲一時衝動。

結論明白顯示，女人比男人更能花錢，也更會花錢。

千百年來，猶太人秉持一個原則：想賺錢，就先賺女人手中持有的錢，拚命「瞄準男人」，則註定失敗。確實，男人的工作收入所得較高，但賺進來的錢大部分還是到了另一半手裡。單純以「花錢」來看，男人還是得聽女人的。

如果你還是不能理解，不妨打開女人的衣櫃看看。簡單來說，女人永遠不會嫌自己的衣物多，反而總是覺得少了最想要的那一件。她們往往會爲了搭配一雙新鞋，花大筆銀子採買新的帽子、皮包、衣服。而等到配齊之後，又發現可能過時了，或者看上另一雙新鞋。於是，便有新一輪採購，周而復始進行下去。

你能說女人的錢不好賺嗎？

憑著獨特的認識，千百年來，猶太商人不斷向世界各地的女人發起攻擊，他們不停翻新花樣、變換品牌，大做婦女生意，一次又一次成功地「掠奪」了女人的荷包，賺回滿滿的鈔票。

據說，在美國，女裝業曾一度達到九十五％皆爲猶太人生產。猶太人還完全把持了裘皮、提包等小行業，成爲製造與銷售主力。

精於商業之道的猶太人認爲，聰明的商人應該有獨具慧眼的搶錢竅門，而賺女人的錢就是其中最有效的一種，因爲在這個世界上，儘管男人大把大把地掙錢，開銷權卻牢牢握在女人手上。

使女人心動，所經營的生意就會成功。

女人在商場中流連忘返，興高采烈地購買各種精美商品，與此同時，猶太商人則興致勃勃地在背後數著賺進來的鈔票。「瞄準女人」是猶太經商法第一要點，也是絕對不變的眞理。

手法夠高明，就能點石成金

企業家最重視的是產品的知名度，為了使自己的產品名氣超過競爭對手，往往願意花大錢，盡力設法擠垮對手。猶太人非常懂得利用這種心理，提高收入。

有著「世界第一商人」美譽的猶太人，極為欣賞和器重推崇「精明」，最大的特徵就是他們非常善於變通。

在他們眼裡，到處都是賺錢的機會，就看你有沒有本事。

猶太商人尤伯羅斯舉辦奧運會時，便將這種本領發揮到極致。

奧運會是舉世矚目的焦點，對一個國家、一個民族和城市而言，能夠承辦是一種巨大的榮譽。但是，必須支出的巨額費用使承辦者苦不堪言，許多原本意圖爭取承辦者也因此知難而退。

尤伯羅斯透過分析研究發現，以往人們只注重奧運會的體育和政治功能，卻忽視了它的經濟功能。

猶太人智慧寶典《塔木德》裡說：「任何東西到了商人手裡，都會變成商品。」這句話對尤伯羅斯來說恰如其分，毫不誇張。

尤伯羅斯身爲商人，深刻地體會到，企業家最重視的是產品的知名度。爲了使自己的產品名氣超過競爭對手，往往願意花大錢，盡力設法擠垮對手。

因而，尤伯羅斯決定利用這種心理，提高贊助收入。

他規定該屆奧運會正式贊助單位只接受三十個廠商，每一個行業選擇一家，每家至少贊助四百萬美元，贊助者可取得該屆奧運會某項商品的專賣權，這樣一來，各大公司就會拚命抬高贊助額的報價以爭取機會。

可口可樂和百事可樂向來是死對頭，每一屆奧運會都是兩家交手的戰場，一九八〇年莫斯科奧運會上，百事可樂佔了上風，雖然賭注下得大了些，但畢竟爲自己打響名號，提高銷售量。可口可樂儘管自恃老大，但只要一不留神就會在競爭中落敗，在洛杉磯奧運會上，可口可樂決心挽回自己的面子。

尤伯羅斯向兩家大公司拋出了四百萬美元的底價。百事可樂心理準備不足，還在猶豫之際，可口可樂已經胸有成竹，一下子把贊助費提高到一千三百萬，高出尤伯羅斯提出的底價三倍之多。

可口可樂的一位董事咄咄逼人地說：「我們一下子多出九百萬，就是不給百事可樂還手的餘地，想要一舉將它擊退。」果然，百事可樂沒有還手之處，可口可樂成了飲料行業獨家贊助商。

尤伯羅斯笑納可口可樂的一千三百萬美元後，又把目光對準了底片的兩位大亨，柯達公司和富士公司。

底價同樣是四百萬美元，然而這次可不那麼順利。柯達公司一開始也想加入贊助者的隊伍，但他們不肯接受組委會制定的不得低於四百萬美元的條件，只同意贊助一百萬美元和一大批底片，尤伯羅斯沒有答應，轉而朝富士公司招手。

此時，一向嗅覺靈敏的日本人似乎嗅到商機，決心趁此機會打入美國市場。富士公司與尤伯羅斯討價還價，最後以七百萬美元的價格，買下洛杉磯奧運會底片獨家贊助權。待柯達公司醒悟時，富士底片已經充斥美國市場，爲此柯達公司廣告部的經理遭到撤職。

美國通用汽車公司與日本豐田等幾家汽車公司的競爭，更是火熱，相互之間竭盡全力以拚搶這「唯一」的贊助權。

結果，企業贊助共計三．八五億美元，而一九八〇年的莫斯科奧運會的三百八十一家贊助廠商，總贊助金額只有九百萬美元。

其中收入最高的，莫過於把運動會實況電視轉播權作爲專利拍賣。

最初，工作人員提出的最高賣價是一．五二億元，遭到尤伯羅斯的否定。他親自研究前兩屆奧運會電視轉播的價值，又查清楚美國電視台各種廣告的價格，提出二．五億美元的價格。

然後，尤伯羅斯跑到美國兩家最大的廣播公司——美國廣播公司（ＡＢＣ）

和全國廣播公司（NBC）遊說，策劃幾家公司展開一場全力以赴的競爭，結果全國廣播公司欣然接受了這個價格。

該公司負責體育節目的副總經理，對尤伯羅斯在談判期間所表現的談判技巧和工作效率，表示十分欽佩。

尤伯羅斯還以七千萬美元的價格，把奧運會的廣播轉播權分別賣給了美國、歐洲、澳大利亞等國。

從這開始，廣播電台免費轉播體育比賽的慣例被打破了。

結果，僅此一項，尤伯羅斯就籌集到二．八億美元。

奧運會開幕前，要從希臘的奧林匹亞村把火炬點燃，空運到紐約，再蜿蜒繞行美國各州和哥倫比亞特區，途經四十多個城市和近一千個鎮，全程約一．五萬公里，透過接力，最後傳到洛杉磯，在開幕式上點燃。

尤伯羅斯發現參加奧運火炬接力跑是很多人夢寐以求、引以爲榮的事情，於是他提出了公開販售參加火炬接力跑名額的辦法，凡是參加美國境內奧運火炬接力跑的人，每跑一英里，須繳納三千美元。

此語一出，世界輿論譁然。儘管尤伯羅斯的做法引起了非議，他仍然我行我素，最後大筆的款項還是收得了，這個活動籌集到了三千萬美元。

他又設立「贊助人計劃券」，凡願贊助二．五萬美元者，可保證奧運會期間每天獲得最佳看台座位兩個。每家廠商必須贊助五十萬美元，才能到奧運會場上做生意，結果有五十家廠商，從雜貨店到廢物處理公司，都願意出資贊助。

組委會還發行各種紀念品、吉祥物，高價出售。

隨著奧運會日益逼近，整個洛杉磯市呈現出濃厚的奧運氣氛。由各公司贊助整修和重建的各種設施煥然一新，國際奧會主席薩馬蘭奇和主任貝利烏夫人視察這些設施之後說：「洛杉磯奧運會的組織工作是歷年來最好的，無懈可擊。」

從五彩繽紛的開幕式開始，先前種種抵制爲奧運會帶來的陰影一掃而空，來自世界各地的運動員和觀眾，以及當地的民眾表現出的空前熱情，把洛杉磯奧運會推向了成功的極致。一百四十多個國家和地區的七千九百六十名運動員，使這屆運動會的規模，超越以往任何一屆，整個奧運會期間，觀衆十分踴躍，場面熱烈，門票場場熱銷。

田徑比賽時，九萬人的體育場天天爆滿，以前在美國屬於冷門運動的足球比賽，觀衆總人數竟然超過了田徑賽，就連曲棍球比賽也是座無虛席，美國著名運動員路易斯一人獨得四枚金牌，各種門票更是搶購一空。多傑爾體育場的棒球表演賽，觀衆比平時多出一倍。同時，幾乎全世界都收看奧運會的電視轉播，美不勝收的壯麗閉幕式至今還留存在人們的記憶當中。

在奧運會結束的記者招待會上，尤伯羅斯宣稱，本屆奧運會將有盈利，數目大約是一千五百萬左右。

一個月後的詳細數字顯示，洛杉磯奧運會盈利二．五億美元。

猶太人的搶錢術有多高明，從上面這個驚人的例子就能窺之一二。若能成功學習他們的精明謀略，相信你我都能成爲搶錢高手。

巧妙運用「國籍」也是一門好生意

羅恩斯坦能致富，是國籍幫了他大忙，以美國國籍作為發家的本錢，冉靠列支敦士登國籍逃避大量稅收，賺取大錢！對猶太人來說，國家不過是外在化的手段和工具。

猶太人常說「生意無禁區」，這反射出他們「多項思維」的經營智慧。

在猶太人眼裡，任何東西都可以成爲商品，包括時間、知識、資訊甚至新鮮的空氣、乾淨的天然水。

在他們看來，商品就是可以透過交易爲他們帶來利潤的任何東西。國籍，對大多數人而言，多少帶有歷史和民族認同，在猶太人看來，不過是一個特殊的商品罷了。透過購買對他們賺錢有利的國籍，他們就可以堂而皇之合法地賺錢。

猶太商人羅恩斯坦，就是一個典型靠國籍致富的人。

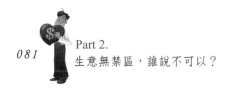

羅恩斯坦的國籍是列支敦士登，但他並非生來就是列支敦士登的國民，而是用錢買來的。他為什麼要買此國籍呢？

列支敦士登是處於奧地利和瑞士交界處的一個極小國家，人口只有一．九萬，面積一百五十七平方公里，這個小國與眾不同的特點，就是稅金特別低。這一特徵對外國商人有極大的吸引力，引起各國商人們的注意。為了賺錢，該國出售國籍，定價七千萬元，獲取國籍後，無論有多少收入，不分貧富，只要每年繳納十萬元稅款就行了。

列支敦士登成為世界各國有錢人嚮往的理想國家，然而，一個小國容納不下太多的人，所以想買到國籍也並不容易。

但是，這難不倒機靈的猶太商人。羅恩斯坦就是購買到列支敦士登國籍的猶太商人之一。他把總公司設在列支敦士登，辦公室卻設在紐約。在美國賺錢，卻不用繳納各種名目繁雜的稅款，只要一年向列支敦士登交納十萬元就足夠了。他是個合法逃稅者，減少稅金，獲取更大利潤。

羅恩斯坦經營的是「收據公司」，靠收據的買賣，可賺取十%的利潤，在辦公室裡，只有他和他的女打字員兩人，打字員每天的工作，是打好發給世界各地服飾用具廠商的申請書和收據。他的公司實質上是斯瓦羅斯基公司的經銷公司，他本人也可以說是一個經銷商。

達尼爾．斯瓦羅斯基家是奧國的名門，他們的公司世世代代都生產鑲玻璃製假鑽石的服飾用品。精明的羅恩斯坦看準了這家公司未來大有發展，心中暗自盤算有天要擁有它，但他知道時機未到，只好靜靜地耐心等候。

第二次世界大戰後，斯瓦羅斯基的公司，因爲在大戰期間迫於德軍的威逼而不得不代爲製造望遠鏡，法軍決定進行接收。當時是美國人的羅恩斯坦，知悉情況後，立即與達尼爾．斯瓦羅斯基家進行交涉：「我可以和法軍交涉，不接收你的公司，但有一個條件，交涉成功後，請將貴公司公司的經銷權讓給我，直到我死爲止，閣下意思如何？」

斯瓦羅斯基家，對於猶太人如此精明的條件十分反感，大發雷霆。但是，經冷靜考慮後，為了自身的利益，只好委曲求全，以保住公司的巨大利益為前提，接受了他的全部條件。

對法國軍方，羅恩斯坦充分利用美國的強國威力，震住了法軍。在斯瓦羅斯基斯接受條件後，他馬上前往法軍司令部，鄭重提出申請：「我是美國人羅恩斯坦，從今天起斯瓦羅斯基的公司，已變成我的財產，請法軍不要接收。」

法軍啞然，因為羅恩斯坦已經是斯瓦羅斯基的公司主人，即此公司的財產屬於美國人。法軍無可奈何，不得不接受羅恩斯坦的申請，放棄了接收的念頭。美國人的公司，法國是不敢接受的，因為他們惹不起美國。

從此以後，羅恩斯坦未花一分錢，便設立了斯瓦羅斯基公司的「經銷公司」，大把地賺取鈔票。

羅恩斯坦的致富，是國籍幫了他的大忙，以美國國籍作為發家的本錢，再靠列支敦士登國的國籍逃避大量稅收，賺取大錢！

猶太人巧妙用國籍的本領，與他們二千多年飽受歧視、屢遭迫害的流浪漂泊生活有很大的關係，他們沒有自己的家園，沒有屬於自己的眞正情感和文化意義上的國家。所謂的居住國國籍，在他們的眼中，也不過是一種藉以獲取一國公民正常擁有的權利的手段之一罷了。

因此，國家不過是外在化的手段和工具，那麼，利用這個工具來爲自己謀取更好的生活，來爲自己賺取更多的鈔票，也是自然而然的。

在世界的各個地方，有些可以接受猶太人，他們便在那裡生存發展下去，並紮下根來施展才華；而在另一些地方，當地的政府對猶太人充滿了敵視與仇恨，在那裡，猶太人備受歧視和迫害，甚至財產也遭掠奪，只能逃走，另覓他鄉。有一些地方是經商的天堂，還有一些地方苛捐雜稅多如牛毛。在所有的這些角落，都留著猶太人或深或淺的腳跡。

在這些環境和條件各異的地方，選定何處作爲立足點，又選定何處作爲自己施展才華的空間，猶太人早已有了自己的經驗和本能。

作爲商人，天生的商業基因使得他們嗅到了任何可以生財、賺錢的途徑。利用國籍來賺錢，自然成了猶太人的一門生意經。

從猶太人選擇國籍的情況可以印證這一點。在二次大戰前，全世界有三分之一的猶太人集中在十九個城市，每個城市有十萬以上的猶太人，其中紐約有二百萬，佔美國猶太人的一半。

從十七世紀開始，猶太人便大量移居美國，經過三個多世紀的奮鬥與打拚，美國的猶太人終於贏來了體面的生活，也在美國經濟界大展拳腳，在政界叱吒風雲，在知識界領盡風騷，凡此一切，更爲他們贏得了威望與尊重。

「factor」手拿著合約，火速飛往紐約，宣稱：「今後藤田先生的這筆業務經營權屬於我」。藤田得到了二十%的現鈔，而「factor」卻從高級女用皮鞋中賺了錢。

是合約，更是商品

在經商活動中，猶太人對生意物件總是一視同仁，而不帶一絲成見。在猶太人看來，因成見而壞了賺錢的生意，簡直愚蠢至極。

只要能獲利，連自己的公司也會賣掉的猶太人，對於與別人簽的「合約」，也敢若無其事地將它賣掉。

在猶太人的生意經中，公司和合約都是「商品」。

也許你難以置信，猶太人中有專門從事購買合約的人。這種人購買合約後，代替賣方履行合約，從而獲利。當然，他們所購買的合約僅限於有信用的商人所擬訂妥當、且安全的合約。

像這種購買合約後無憂無慮地從中獲利的商人，英語叫「factor」。

然而，貿易商們，不論大小，都要與「factor」打交道。

日本的大商社也不例外，尤其派到海外去的商社職員，可以說百分之百都要與「factor」打交道。

以下，便是一個精采的例子。

一位猶太「factor」來到藤田的公司。

「你好，藤田先生，目前你在經營的是什麼？」

「剛與紐約一個高級婦女鞋商，簽訂了一筆二十萬美元的進口合約。」

「哦，太好了。可不可以把這個權利轉讓給我？我付給你二十%的現鈔。」

「factor」的風格，就是做事俐落，明快果斷。

藤田的腦筋動得很快，也迅速地估算了一番，認爲二十%的現鈔相當划算，便將權利轉讓了。

於是「factor」手拿著合約，火速飛往紐約，宣稱：「今後藤田先生的這筆業務經營權屬於我。」

藤田得到了二十%的現鈔，而「factor」卻從高級女用皮鞋生意中賺了錢，相較之下，其實更爲划算。

「factor」因爲並非自己擬訂合約，所以不是具有相當信譽商人的合約，是不能買的。藤田也曾打算幹「factor」這行，但因爲常有不履行債務而被起訴賠償損失的事發生，最終還是沒有這樣做。

沒有什麼不能買賣，只要夠機敏，腦筋動得快，就連別人簽定的合約，都可以成爲自己賺錢謀生的工具。

這就是猶太人獨一無二的搶錢秘訣。

有錢不賺，就是犯罪

哈默承諾以低於太平洋煤氣與電力公司和其他公司的價格，供應天然氣給洛杉磯。之前拒絕他的太平洋煤氣與電力公司，只好接受哈默供應的天然氣和嚴苛的條件。

猶太銀行家賴得利希的兒子問道：「什麼叫Kapitalverbrechen？」老賴得利希說：「如果你的錢不能帶給你至少十％的利息，那麼你就對資本犯了罪，這就叫Kapitalverbrechen。」

Kapitalverbrechen，是由Kapital資本和verbrechen犯罪兩詞構成，合起來的意思，是爲重罪。

能賺的錢不賺，這樣的行爲看做是對上帝犯下的重罪，在世界上，恐怕只有猶太民族會這樣看。

猶太人從小就接受正確的金錢觀念，他們賺錢的方式無所謂貴賤，也無所謂方式。只要有賺錢的機會，就會牢牢地抓住。善於抓住機會，並且敢想敢做，這一點直接關係到猶太人的生意成敗。

猶太商人韋爾在一九八一年六月，做出了一件使人費解、出人意料的大事情，他把自己辛辛苦苦花費了二十年時間創建的希爾森公司，出售給擁有非常雄厚資本的美國捷運公司。

雖然美國捷運公司是一家大公司，經營著全國的經營賒帳卡、旅遊支票和銀行等業務，但韋爾的希爾森公司發展前景很好，而且韋爾進入美國捷運公司，並未引起公司的足夠重視。

因此，許多人認爲韋爾這次賠了進去，然而不久之後，人們就不得不嘆服他的英明。韋爾在捷運公司的職位，只在董事長和總裁之下，他的股份總額有二千七百萬美元，個人年收入高達一百九十萬美元。

當然，韋爾爲發展捷運公司也兢兢業業，在他一手策劃下，捷運公司用五．

五億美元買進了南美貿易發展銀行所屬的外國銀行機構，這家銀行經營外匯、通貨市場、珠寶貿易、銀行業務等。

這樁大生意的成交，不僅是韋爾津津樂道、一件值得自豪的事，而且使他在捷運公司身價百倍，成為華爾街的熱門人物。

以下，再舉一個例子，說明猶太人的經商智慧。

哈默幾經失敗之後，終於成功鑽探出天然氣，這使他非常高興。於是，他急急忙忙趕到太平洋煤氣與電力公司，心中拿定主意，準備和這家公司簽訂為期二十年的天然氣出售合約。

沒想到，他卻碰了一鼻子灰，太平洋煤氣與電力公司三言兩語就把哈默打發走了。

他們說對不起，不需要哈默的天然氣，因為他們準備耗費鉅資從加拿大到舊金山修建一條天然氣管道，將大量的天然氣從加拿大輸來。

這對哈默來說，無疑是當頭潑了一盆冷水，一下子手足無措。冷靜後，他就很快找到了一個釜底抽薪的辦法，制服太平洋煤氣與電力公司。

哈默趕往洛杉磯，因爲這裡是太平洋煤氣與電力公司天然氣的直接承受單位。他向議員繪聲繪影地描繪了計劃從拉思羅普修築一條直到洛杉磯市的天然氣管道的設想，並將以低於太平洋煤氣與電力公司和其他任何公司的價格供應天然氣，以此來滿足洛杉磯市的需要。

議員非常心動，表示願意接受哈默石油公司的計劃。

哈默的招數果然奏效，太平洋煤氣與電力公司得到消息後，一下子六神無主，很快找到哈默，表示願意接受他的天然氣。這時的哈默可神氣了，他居高臨下，提出了一系列很苛刻的條件，對方只好乖乖地接受。

在世界財經舞台上，猶太人賺錢的野心展現得淋漓盡致，爲了賺錢，他們絕對願意絞盡腦汁，不惜用盡千方百計。

做生意，沒有禁忌

猶太人在進行商業操作時，對於所借助的東西，從來沒有什麼顧忌，只要是有利於賺錢，只要不違犯法律，怎麼好用就怎麼用，完全不必有太多考慮。

猶太人認爲在商場上，一切都是商品，既然是商品，那麼只有一個屬性，那就是增值、生錢，除了犯法的事不能做，違背合約的事不能做之外，其他的一切，都應該服從這個最高目標。

猶太人進行商業操作之前，會排除衆多倫理道德規範的掣肘和情感的障礙，放下包袱，眼界看得寬，手腳放得開，處處得心應手，無往不勝。

在猶太人看來，創立公司無非是爲了賺錢，只要能賺錢，出售自己的公司也是一種商業形式。同樣的道理，猶太人進行商業操作時，對於所借助的東西，也從來沒有什麼顧忌，只要是有利於賺錢，只要不違犯法律，怎麼好用就怎麼用，完全不必有太多考慮。

猶太民族在生活上的禁忌之多、之嚴格，在世界各民族中相當少見，並且種種禁忌歷經二千多年而能堅持貫之，極少改變。但是另一方面，猶太人在經營商品時的百無禁忌，也是各民族中罕見。許多原先非商業性的領域，大都是被猶太人打破禁區而納入商業範圍的。

蘇聯剛成立時，許多資本家都看作洪水猛獸，避之唯恐不及，只有猶太人哈默不受局限，獨闢蹊徑，結果發了大財。

成功使哈默信心大增，他想：我爲什麼不回美國一趟，聯合機器和其他產品的生產企業，與蘇聯進行更多的貿易呢？

他說服的第一個人是亨利·福特。

福特汽車早已聞名世界，企業創始人亨利·福特不僅是個出名的倔老頭，也是個有名的反蘇派。哈默經人介紹與福特見了面，福特不否認在蘇聯市場上銷售自己公司的產品可以賺錢，但是卻說：「我絕不運任何一根螺絲釘給敵人，除非蘇聯換了政府。」

福特的態度非常堅決，但是哈默並沒有氣餒，他說：「您要是等蘇聯換了政府才去那裡做生意，豈不是丟掉一個大市場嗎？」

哈默把自己在蘇聯的見聞、經商的經歷，一五一十地講給福特聽。哈默說：「我們是商人，只管做我們的生意，而生意就是生意。」

福特對哈默的話漸漸產生了興趣，留下哈默共進午餐。餐後，福特又陪哈默去參觀自己的機械化農場，兩人談得非常投機，最後，福特終於同意哈默作爲自己產品在蘇聯的獨家代理人。

哈默從福特這裡首先打開了缺口，很快又成了美國橡膠公司、美國機床公司、美國機械公司等許多家企業在蘇聯的獨家代理者。

後來，在哈默的斡旋下，福特公司和蘇聯政府又達成了合辦生產工廠的協議，福特由此獲得了滾滾利潤，哈默自然也受益匪淺。

3

步步爲營，
穩健中發展自己

猶太人愛錢，卻愛得有品、有格調。他們認為交易過程中雖一定免不了競爭、謀略，但有不能違反的規矩，必須遵循的守則。穩健中求得的勝利，才是真正可靠的勝利。

積極進取，找出腐朽中的神奇

猶太人自幼便接受並極力培養「我一定要有所作為」的積極觀念，所以能夠努力學習，讓這種精神成為推動自己前進的「馬達」，加快自我成長速度，與化腐朽為神奇的信心力量。

如果你想成功致富，那麼就必須和猶太人一樣，培養敏銳的嗅覺和精準的判斷力，將自己身上的才能發揮到極致，如此才能獲得最大的利益。

猶太商人不怕時運不濟，賺不到錢，只怕缺乏積極進取的精神，無力向環境挑戰。他們敢於迎向厄運，不屈不撓、堅持不懈，務求化腐朽爲神奇。

因此，數不清的猶太人得以在各領域出人頭地，擁有卓著成績。

約瑟夫．賀希哈是一位猶太人，出生在拉脫維亞的某個貧苦家庭，一九〇八年，隨父親遷到美國紐約布魯克林區的漢堡特貧民區。

一家人才剛落腳，便遭遇一場無情火災，吞噬了僅有的一點點財物，約瑟夫·賀希哈從此淪爲在垃圾桶中尋找食物的小乞丐。

儘管如此，他並不喪氣，渴望著有朝一日成爲成功的商人。

賀希哈在流浪街頭覓食過程中，每天拾取別人丟棄的報紙，坐在街邊的石椅上閱讀，並努力收集被人丟棄的書。

慢慢地，他對書報上的經濟資訊、股市行情產生了興趣，立定志向，決心於證券領域發展自己的事業。

一九一四年，第一次世界大戰爆發，紐約證券交易所因經營慘澹而關閉，美國絕大多數證券公司也岌岌可危。這個時刻，賀希哈竟在奮發進取精神驅使下，決定開始謀求工作。

幾位在交易所門口玩紙牌的人聽到他來找工作，都禁不住哄然大笑，認爲他根本是頭腦不清醒、精神有問題。

賀希哈沒有灰心喪氣，接連又嘗試了幾家，最後在愛默生留聲機公司找到一份工作，負責總機接線與辦公室相關雜務。薪資很低，每週只有十二美元，但他絲毫不以為意，很高興地待了下來。

不久，賀希哈發現愛默生留聲機公司同時發行並經營股票，於是潛心注意起公司的經營情況，考慮尋求登上這一台階的方法。

他發現總經理辦公室裡有一個股市行情指示器，憑著多年鑽研股票的認知，自然深明它的作用。於是，某天上午，他鼓起勇氣，敲開總經理辦公室的門，大膽地提出要求：「總經理先生，請問，我可以做您的股票經紀人嗎？」

總經理驚訝地盯著面前這位猶太小夥子，回想他半年來勤快的工作態度，靈活的各方面反應，再加上敢於向自己提出要求的勇氣，心下已經感到認可。他對賀希哈說：「膽量是在股市獲利的首要條件，你既然有勇氣，就試試看吧！」

此後，賀希哈便成了愛默生公司股票行情圖的繪製員，他運用自己過往積累的相關股票知識和行情資料，很快就上手。在工作中，他對股票買賣有更多領悟，為日後事業的發展打下了堅實基礎。

賀希哈在愛默生公司工作時節衣縮食，設法為自己積累本錢。除了每天必須支出的車費、午餐費和零用錢外，其他收入全部存下來。同時，他還替另一家股票交易公司擔當跑腿工作，從中賺取每星期十二美元的報酬。

三年的艱辛努力後，他積累了兩百五十美元，於是開始根據自己的奮鬥計劃，成爲一名獨立的股票經紀人，從此走上發跡之路。不到一年時間，他的資產便已經有了超過一百六十八萬美元的驚人成長。

股市風雲突變，從來不爲人們的意志所左右。

當賀希哈的財富即將積累破億之際，一次股市驟然下跌，使他將剛到手的千萬美元以及其他多宗盈利全賠了進去。

慘敗沒有挫掉賀希哈積極進取的精神，反倒更堅定了他的信心，也得到珍貴教訓。他回憶道：「這一回失敗讓我只剩下四千美元，幾年的奮鬥積累幾乎全部輸光，可說是我一生最痛苦、嚴重的一次錯誤。但是，我認爲，不犯錯誤的人根本不存在，我如果不犯錯誤，也就沒有辦法學到任何經驗。」

確實，那次失誤沒有打倒賀希哈，反倒使他以更快的速度東山再起。一九二八年，他已經成爲每月可以賺二十萬美元的股票大王。一九二九年是他人生最輝煌的一年，也是美國股市最熱鬧的一年，幾乎全民都加入了股票買賣的行列。此時，過往的豐富經驗已使賀希哈學得「春江水暖鴨先知」的技巧，認定將有大雨和風暴來臨，因而果斷地將大量買入的各類股票拋售，得到了相當於原來投資金額十倍以上回報，一下子便賺進上億美元，成爲當時赫赫有名的股票大王。

猶太商人中，有相當多出類拔萃的人物，諸如連鎖經營先驅盧賓、金融巨頭金茲堡集團、報業大亨奧克斯、好萊塢老闆高德溫、地產大王里治曼、石油大王洛克菲勒等等。爲什麼猶太人得以獨步其他民族，於商場呼風喚雨？最關鍵原因之一，就在於積極進取的民族精神。

猶太人自幼便接受並極力培養「我一定要有所作爲」的積極觀念，所以能夠努力學習，讓這種精神成爲推動自己前進的「馬達」，加快自我成長速度，與化腐朽爲神奇的信心力量。

可以說，這就是猶太人賺錢的本領，搶錢的秘笈。

生意不嫌小，每一塊錢都要賺到

依據吉威特的經營哲學，任何錢都要自己賺，一方面防止資本外流，同時增加公司業務量，久而久之，技術與經驗跟著提升，自然可逐漸換取更大的利潤。

「即使只是一美元也要賺」，就是猶太人經商的黃金法則。

這種掙錢觀念，清楚表明了猶太人對於「避實就虛、化零爲整、積少成多」等戰略的透徹瞭解與自如應用。

要有積少成多的謀略，自然必須胸懷大志，對前程充滿信心，如果悲觀失望，胸無雄心壯志，就難以成功。此外，堅忍不拔的意志和紮實付出、埋頭苦幹的精神相同，是成功所不可或缺。

比達．吉威特是美國建築業屈指可數的鉅子，又被稱爲土木建築大王，二十世紀六〇年代，擁有約兩億美元的傲人資產。儘管如此，他所奉行的經營法則卻始終非常簡單，就是「即使一美元也要賺」。

吉威特公司名聲大振後，許多人開始感到興趣，不斷設法探聽內部消息。因此，吉威特卻往往這麼回答：「即使公司非常著名，它所承建的工程不見得就能相對地增加。有關本公司的經營內容，無可奉告。」

吉威特的成功，關鍵在於獨特的經營哲學，也就是他常說的：「只要有可以多賺一美元的機會，我就絕對不放棄。」

然而，僅以此爲例，還不足以完整說明吉威特的經營之道，我們要再從其他多個方面切入，以求眞正認識。

無論從任何角度評估，吉威特都是完全靠自身力量獲致成功的代表性人物。他爲什麼要經營金融公司？主要目的在於便利子公司的資金周轉及業務往來，全部由自己的公司經辦，不讓其他同業「賺」這筆錢。

這種經營策略的實施，一方面可以保證金融上的自主性，不受制於他人；另一方面，又可以趁機在金融業插上一腳，的確可說一舉兩得，處處得利。

吉威特創辦的保險公司，也在保險業中獨樹一幟，凡轄下的從業人員健康保險、人壽保險以及子公司的業務保險等，全數劃歸自家承辦。「肥水不流外人田」，對外營業方面亦可撈上一筆，的確相當合算。

吉威特建築公司所使用的土木機械，同樣是向旗下的利斯公司租賃，並支付使用費及租金。簡而言之，依據吉威特的經營哲學，任何錢都要自己賺，一方面防止資本外流，同時增加公司業務量，久而久之，技術與經驗跟著提升，知名度也向外拓展，自然可逐漸換取更大的利潤。

不過，他有一點明顯和其他商人不同，雖然奉行「即使一美元也要賺」的經營哲學，卻不至於將顧客的利益置之不顧，仍舊時時刻刻以顧客爲重。這種經營方針，可以使吉威特在賺錢同時，也得到顧客信賴，累積聲譽，難怪一直受到美國土木建築業界的推崇，認爲富遠見與影響力。

步步為營，才能步步贏

穩賺不賠，必須歸功於準確的判斷分析能力，以及超人膽識。步步為營，自然步步皆贏，再好的時代也有隱藏風險，再混亂的局面也有寶貴商機，端看懂不懂得把握、利用。

穩中取勝是猶太商人經營時秉持的重要原則，正因爲如此，做出判斷之時的「準確性」，便相當重要。

一九一七年，只有十七歲的猶太人約瑟夫決定朝自己的理想奮鬥，拿出兩百五十五美元的資本，走上創業之路。

創業第一年，約瑟夫的炒股過程一帆風順，賺得將近十七萬美元。勝利使他信心十足，大手筆買下大量正在下跌的雷伯瓦那鋼鐵公司股票，但世事的變化超乎想像，這些股票非但沒有如他預想的止跌回升，反倒繼續向下探底，一路狂跌，幾乎耗光了他手頭所有的資本，只留下幾千美元。

經此大起大落，約瑟夫陷入極度悲觀情緒，把自己關在屋子裡蒙頭大睡。一段時間後，他終於走出陰霾，認清了一個道理：股市行情變幻莫測，受各種各樣因素的影響，自己的相關知識明顯還不夠，需要繼續充實。

一次失敗不能決定什麼，要繼續努力下去。

恢復元氣之後，約瑟夫便開始重振事業。一九二四年，他發現未列入證券交易所買賣的某些股票，儘管不受重視，實際卻有利可圖，因爲它們利潤不大，但風險極小，幾乎不會賠本，便把主要精力全放在這些股票的經營買賣上。

開始時資金不夠，他就和別人合資經營，不到一年，便開設了屬於自己的證券公司，到了一九二八年，儼然已成爲股票大經紀人，每月收益達二十八萬美元。那時他才二十八歲，在當時的金融界，是相當引人注目的明日之星。

然而，由於美國經濟的頻繁漲落，紐約的股票交易也說變就變。一九二九年春天，人們突然像發高燒一般，全部捲入炒股的狂潮裡，連醫生都放下手邊工作，成了證券交易所的常客。股票交易成爲一種「全民運動」，掀起的巨浪一波高過一波，促使股價像沸騰的水般上漲。

面對經濟危機即將來臨的前兆，約瑟夫始終保持著清醒的頭腦，於是很快將自己手中的股票拋出。不久，經濟危機出現，股價狂跌，僅此一進一出，他就淨賺了四百萬美元，跟其他被套牢者簡直是天地之別。

與此同時，約瑟夫還反其道而行，在人們像躲避瘟神一樣拋擲股票時，悄悄選擇買進部分。這一回買進的股票，在他手中握了兩年，直到美國經濟開始逐漸好轉，股匯市指數向上升時，才再度拋售。

一次嚴重的經濟危機讓許多人走上破產之路，約瑟夫卻成爲其中的異數，穩賺不賠，當然必須歸功於準確的判斷分析能力，以及超人的膽識。

步步爲營，自然步步皆贏，因爲再好的時代也有隱藏風險，再混亂的局面也有寶貴商機，端看懂不懂得把握、利用。透過約瑟夫的奮鬥歷程，我們可以很清楚地體會並印證這個道理。

誠實經營，以逃漏稅為恥

有人認為猶太人「絕不偷稅漏稅」的風格太「傻」了，能逃漏稅為何不做呢？其實，「絕不逃漏稅」的風格正是他們善於精打細算的體現。

猶太商人有句經商格言：「絕不偷稅漏稅。」對於猶太商人來說，偷稅漏稅不僅違背經商之道，也是一種恥辱。

你可能感到納悶，猶太商人爲什麼以偷稅漏稅爲恥辱呢？

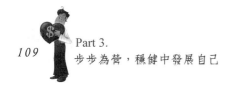

原來，猶太人認爲繳稅也是和國家訂定的一種契約，既然是契約就要履行，誰逃漏稅，誰就是違反了和國家所簽的契約。違反「神聖」的契約，對猶太人來說是無法原諒的罪行。

此外，猶太民族長期流散，到處受迫害受歧視，要想生存，必須保證向居住國交稅。交稅，在他們的認知裡成了生存的一種必需。

千百年來，猶太人之所以贏得良好的信譽，並成爲世界第一商人，和「絕不偷稅漏稅」有很大關係。

正因如此，猶太商人在做生意時，要反覆計算是否划算，尤其是計算扣除各種費用和稅金之後的純利潤。一般商人如果說自己賺了五十萬，那其中一定包括稅金在內，猶太人則不然，賺了五十萬就是指五十萬的淨利潤，包括稅金在內的話，可能是七十到八十萬。

有人認爲猶太人這種「絕不偷稅漏稅」的堅持太「傻」了，能逃漏稅爲何不逃漏稅呢？其實，猶太人「絕不偷漏稅」的風格，正是他們善於精打細算的體現，而且猶太人自有精明之處。

某公司經理到國外學習考察，返回時暗帶私貨，企圖不通過納稅入境，結果被海關查出扣留，幾乎差點被沒收掉。

猶太人聽到這種情況，大表驚奇，疑惑爲何不依法納稅從而堂堂正正入境？

猶太人的做法是照規定納稅，然後在出售商品時按納稅的比率加價。

由此來看，猶太人的不偷稅漏稅，其實是明智之舉。

任何一個商人都希望多賺錢，少交稅，猶太人也不例外。但是，猶太人爲自己減輕稅金的辦法是非常巧妙的。除了前述利用國籍來爭取減少交稅的辦法外，還要用「少薪」的辦法進行。

在一些地方，許多公司的經理，年薪很高，少則幾十萬美元。猶太人的公司在這點上就與它們不同，他們想出的絕妙辦法，是讓自己做個「廉價」的經理，然後再透過福利制度等方式，把因廉價而造成的損失補回來。

這實際上就是「偷稅」，但是，猶太人用自己的精明而合法化。

所以，猶太人更講求巧妙利用當地稅法，採用種種手段，合理避稅。既完成了與國家的契約，又保住了自己荷包裡的錢和名聲。

認清廣告的真正目的

猶太人法律禁止廣告，但是實質上只是禁止虛假廣告，因猶太人認為，這類行為可以說是耍花招，旨在騙人購買或進行交易。但他們並不反對真實的正當廣告。

重視廣告和擅作廣告，只是現代猶太商人的經商之道，在《塔木德經》裡，其實明確禁止商人使用廣告之類的推銷手法。

因爲，猶太人認爲，就某種意義上來說，這類行爲可以說是耍花招，旨在騙人購買或進行交易。

猶太拉比允許人們戴上斗篷，使自己顯得有魅力；允許人們把好衣服熨得光鮮，也允許人們麻布衣服，使它顯得更薄更精緻；並且，還允許人們給箭塗上色彩，或者把籃子描上彩色。

即允許人們對人對物做一些虛飾，使更美更漂亮。

但是，《塔木德經》禁止在交易中進行虛飾的行爲，例如禁止賣牛的時候在牛身上塗抹不同的顏色，也反對把其他各種動物的毛髮弄得硬梆梆的。因爲牛塗上顏色會比原來更漂亮，動物的毛髮弄得硬梆梆，就會使動物看起來更大些。另外動物的肚子也不應該被充氣，肉也不應該浸在水裡，使外觀好看。

猶太拉比們告誡商人，不能在各種工具上塗抹顏色再出賣，因爲T具塗新塗料可以顯得新穎，更漂亮。

總而言之，在猶太法律中，爲求欺人耳目而在物品上面塗抹顏色的行爲，是被明確禁止的。

有個奴隸染黑頭髮，並在臉上塗抹化妝，使自己顯得年輕，達到欺騙買主的目的。《塔木德經》記載這麼一則案例，並且告誡說這不合法，應該禁止。

此外，《塔木德經》裡也禁止商人在銷售商品時，附上任何名不副實的稱號。譬如美國廣告裡經常使用「最大的尺寸」或者「最大的面積」之類的誇大用語，但所謂「最大的面積」事實上只是「某一塊特定的面積」而已。

這類廣告用語在《塔木德經》裡早就已經明文禁止。

猶太法律雖然禁止廣告，但是實質上只是禁止那些虛假廣告，並不反對真實的正當廣告的宣傳作用。

有一個貧窮的賣蘋果的婦人，攤位就在哈西德教派的拉比家旁邊。一天，她對拉比抱怨道：「拉比，我沒有錢買安息日所需的東西。」

「你的蘋果攤生意怎麼樣啊？」

「大家都說我的蘋果不好，他們不肯買。」

拉比立即跑到街上大喊：「誰想買好蘋果？」

人們立刻把他圍了起來，他們對蘋果連看都不看，數都不數，就掏出錢來買。很快的，蘋果被以高出實際價格二至三倍的價錢賣了個精光。

「現在妳看，」在轉身回家時，拉比對這位婦人說：「妳的蘋果是好的，一切都在於過往人們不知道它們是好蘋果。」

由此看來，猶太人是並不一味反對做廣告，只是在他們看來，一切都必須限定在誠實的範圍內。

先講道理，再做交易

猶太人在借貸方面奉行保守嚴厲的規矩，因此，猶太商人絕不打歪腦筋，也不使用不正當的手段，而是憑藉自己的聰明智慧與彈性應對，正當且高明地在商場「搶錢」。

《塔木德經》是一本由數千名猶太學者共同撰寫成的經典，流傳已久，整個民族的每一份子都奉為人生守則與最高指導。其中，闡述了許多經商的道理，尤其強調公平交易的重要。

舉例來說，如果甲和乙之間協定以現金十萬元，作為買賣小麥一百公斤的代價。這時，若賣方對買方說，「你若延遲付款，我將多收取利息十萬元，作為補償」，以上要求，在《塔木德經》的界定裡，就違反了公平原則。

這是為什麼呢？

簡單來說，同樣的現貨，卻設定了雙重價格，有違商品正確價格原則。另一方面，在延期付款的情況下課以利息，對猶太人而言，更是絕對不容許，因爲他們認爲做生意不應收取利息。

翻開《塔木德經》，我們可以發現其中明文記載者，禁止猶太人在借錢給同胞時，收取利息。

對於放債取利，猶太教士「拉比」的教導十分明確，他們會說：「若有貧窮人與你同住，而你借錢給他，絕不可向他取利。」

你或許會問，那麼，經營銀行的那些猶太人，爲什麼任銀行向借貸者索取利息呢？難道他們不擔心自己的行爲犯戒嗎？

猶太商人會告訴你，向「外族人」收取利息是可以的，不違背教士「拉比」或《塔木德經》的教誨，因爲外族人不是希伯來文化和經濟的組成份子。

猶太人雖沒有國家，對「同胞」和「外族人」的界定卻相當明確。

事實上，在一開始的時候，猶太人對「借錢取息」觀念的排斥，比今日更明顯，不僅不贊成從任何人身上收取利息，對於「高利貸」、「不當利息」的定義嚴謹且涵蓋廣泛，不僅止於於單純的借錢收利。

直到五至六世紀，隨著猶太民族的主要經濟模式由農業向貿易和商業轉換，早期對借貸的嚴格限制，逐漸地不能適應時代要求。

同時，沒有國土的猶太人面臨越來越嚴重的迫害折磨。在許多基督教國家，從中世紀開始，特別是十字軍東征之後，便規定猶太人不能擁有土地、從事貿易，甚至被禁止向非猶太人出售食品和衣服謀生。

少數向他們開放的行業之一，就是放債，別無選擇情況下，這成了猶太人賴以謀生的唯一管道。

從根本上說，猶太民族還是禁止放債或收取高利貸的。在猶太人的觀念裡，即便一個人借錢給他的鄰居，且鄰居無力償還，也不代表他可以向對方予取予求，因爲這種行爲將構成所謂的高利貸。

由於反高利貸、反對收取不合理的利息，有些猶太商人甚至相信，若用不合法的手段從同胞處奪取金錢，將導致自身財產的加倍損失。

或許聽來有些奇怪，猶太人明明是聞名世界的經商高手，居然在借貸方面奉行如此保守嚴厲的規矩。但從另外一個角度去想，也就是因爲如此，猶太商人絕不打歪腦筋，也不使用不正當的手段，而是憑藉自己的聰明智慧與彈性應對，正當且高明地在商場「搶錢」。

除去對放高利貸的排斥甚至禁止，猶太人同時認爲，在交易過程中，縱使事先未獲任何保證，也有權利要求購買的商品具有良好品質。購物行爲，本身就意味著購入沒有瑕疵的商品。

因此，即便商家在交易中宣稱「貨物出門，概不退換」，可一旦被證明自己製造或售出的商品有瑕疵，買方仍然有權要求退貨，賣方不得以任何理由推卸責任，必須無條件同意。

不過，若是賣方在交易進行前，已預先告知該項商品具有某方面問題，譬如牲口買賣前先說明已患殘疾，或者出清製造過程中有小瑕疵的商品，如此情況下完成的交易，買方便不得要求退貨。

如果賣方售出的是瑕疵商品，卻不向買主說明，造成對方的權益受損，就等同於詐欺與故意侵害，是非常惡劣的行爲，爲眞正成功的商人所不齒。

猶太商人認爲，交易買賣行爲由兩項要件構成，一是支付貨款，或者相當於貨品的代價，一是移交貨品，因爲賣方有義務將貨品安全地移交給買方。唯有兩種行爲都告一段落，交易才算完成。

除此之外，作爲商人，在進行推銷或交易前，必須確實持有某項貨品，避免從事買空賣空行爲，以防傷害買方資本與賣方信譽。

由此可以得知，猶太商人雖然是搶錢高手，其實也相當保護買方權益，不會做出蒙蔽良心的不法事情。所以有許多人說，猶太人是世界上最精明的生意人，卻也是最講道理的買賣者。

而他們所講的道理很簡單，就是公平、不欺詐。

道德為本，做一個「有品」的商人

人是群居動物，人際關係互動的好壞，對事業影響很大。政治家因得人而昌，失人而亡，企業家也一樣，所供應的商品或服務不能得到大眾歡迎，就絕對不會發財。

猶太人雖然以搶錢本領高明而出名，卻堅持不當唯利是圖的商人。

觀察眾多成功發財致富的猶太鉅賈，可以發現他們都有一個共同舉措——注重對慈善事業和公益事業的參與。

十九世紀中期至二十世紀初，俄國知名的金茲堡家族開始崛起，首先於一八四〇年創立第一家銀行，幾十年經營之後，成功於俄國開設多家分行。

此外，金茲堡也與西歐金融界建立起廣泛的業務關係，成爲俄國最大的金融集團，世界知名大富豪。

就像其他猶太富豪一樣，金茲堡家族也在發跡過程中，做了大量的慈善工作，例如先徵得俄國沙皇同意後，於聖彼得堡建立第一家猶太會堂，一八六三年，又出資建立俄國猶太人教育普及協會，並且以從俄國南部莊園徵得的收入，投入建立猶太農村定居點。

在最初代的家族領導者去世之後，金茲堡家族第二代仍繼續進行慈善工作，把所擁有的珍貴圖書捐贈給耶路撒冷猶太公共圖書館。

美國猶太商人史特勞斯，最初只是商店記帳員，之後步步升遷，終而成爲梅西百貨公司總經理，於二十世紀三〇年代成爲世界上首屈一指的巨富。

事業成功之後，他也做了大量的慈善活動。除了密切關心並致力改善公司員工福利，還曾多次前往紐約的貧民窟察訪，捐資興建牛奶消毒站，先後於美國三十六個城市分發牛奶。

截至一九二〇年止，他已捐資在美國境內和境外設立兩百九十七個牛奶供應站，造福數不清的貧寒者。

除此，史特勞斯也資助建設公共衛生事業，一九〇九年在美國紐澤西州建立第一座兒童結核病防治所。

一九一一年，前往巴勒斯坦訪問期間，他決定將三分之一的資產用於興建醫院、學校、工廠，爲猶太移民提供各項服務。

猶太商人大舉做善事，可說是履行了「以善爲本」的生意經。他們大量捐資爲所在地興辦公益事業，贏得當地政府的好感，對日後可能開展的各項經營，當然有利無弊。

由於對所在國公益事業有重大義舉，許多猶太商人獲得了封爵，如羅思柴爾德家族成員被英王授予勳爵爵位。另一方面，也得到經商上的優惠條件，如開發房地產、礦山、修建鐵路的特許或優惠等等，從而大大拓寬了賺錢的路。

歸根究柢，猶太人之所以熱心捐錢辦公益事業，其實可以看作是一種營銷策略，爲企業提高知名度、擴大影響、博取消費者的好感等，產生重大且積極的作用，有助於佔領市場。

將「以善爲本」當作重要的經營策略，也與猶太民族自身歷史背景脫不了關係。猶太人認爲，人是群居動物，人際關係互動的好壞，對事業影響很大。政治家因得人而昌，失人而亡，企業家也一樣，所供應的商品或服務不能得到大衆歡迎，就絕對不會發財。

顯而易見的，與人爲善，妥善處理人與人之間的互動關係，是猶太人經商智慧中不可或缺的一環。

人的內心深處，都有被注目、受重視、被接納的願望。猶太商人聰明之處，就在於充分利用了人類內心深處的渴望，以善意、親切、溫和的態度進行交往與交易，提高了成功的可能性。

4

當金錢的主人，不當金錢的奴隸

善於計算金錢，培養敏銳的數字觀念，才能賺錢。不被文字或數字蒙蔽自己的認知，務求看清真正的現象。此外，猶太人也堅持培養正確的用錢觀念，不沉迷，不被金錢奴役。

讓數字告訴你更多的事

將數字只看成數字不是一件難事，但僅僅做到這一點仍不夠。還要看清躲在背後的事件真相，成為一個真正運用、支配數字的人，而不是一個被數字追著跑的人。

在猶太人經商的字典裡，永遠找不到「模稜兩可」、「馬馬虎虎」之類詞彙。尤其在商定相關價錢的時候，他們更是非常仔細，對於利潤的一分一厘，都務求計算得清清楚楚。

一位旅行者的汽車在一個偏僻的小村莊拋了錨，怎麼也修不好，村民們便建議他找村裡的鐵匠幫忙。

鐵匠是名猶太人，聽完旅人的說明後，打開汽車引擎蓋，朝裡看一眼，接著用小榔頭朝某處敲一下，汽車便重新發動了。

「一共二十元。」鐵匠面無表情地說。

「什麼？怎麼這麼貴？」旅行者驚訝至極。

「敲一下，一元，看出究竟該敲哪裡，十九元，合計二十元。」

猶太人的精明，由此可見。只要是他們認定該賺的錢，就一定臉不紅氣不喘的完全賺到手。除此以外，長期的商場磨練，以及對成功的渴望和強烈求成動機，造就了猶太人敏銳的數字觀念，與閃電般迅速的心算能力。

某國的導遊引導一位猶太人參觀一家收音機工廠，猶太人看著成群正埋頭工作的女工，問道：「她們每小時的工資是多少？」

導遊一邊計算一邊說：「女工們的平均薪水爲兩萬五千元，每月工作日爲二十五天，所以一天可領一千元。每天工作八小時，每小時就是……一百二十五元，換算成美元，大概等於……」

導遊花了好幾分鐘才算出答案，而那位猶太人，聽到月薪是兩萬五千元後，馬上便算出自己需要的答案，甚至繼續推演，算出生產每部收音機大約的人力成本，以及可能獲利狀況。

正因爲心算速度快且正確性高，猶太人經常能做出迅速的判斷，使他們得以在談判中保持鎮定自如，朝對手步步緊逼，直至大獲全勝。

對於猶太人來說，精於計算，是爲了錙銖必究。他們可不像大多數東方人，羞於「斤斤計較」。

在他們的認知裡，只要是應該攫取的利潤，絕不輕易放手。既要計較，也要能迅速地得出結果，將兩個要求結合，便突顯了計算能力的重要。這不僅可以避免吃虧，也可以幫助自己得到更多生意。

在商場上，猶太人絕對不容許、不同意模稜兩可，商定價格一定儘量仔細，即便只是一分錢的差異，也計算得清清楚楚、明明白白。

猶太人不僅算得清，而且算得快，他們有辦法在你告知一名員工的月薪後，馬上報出他一小時可以得到多少報酬；也能在一看總產量、員工日產量等相關報表後，馬上得出產品的單位成本。

這能夠使他們在商業談判或合作時，一聽夥伴或對手報出的價錢，立即算出對方的利潤額，從而調整自己的對策。

倘若經營者討厭數字，所掌管的企業一般能運作多長時間？猶太人一聽，必定會馬上給出答案：這樣的企業，已經死亡。

爲什麼這麼說呢？以下就是例證。

曾有家日本企業，老闆有個特別偏好，喜歡把一億日元說成是一條金槍魚，把一百萬日元說成是一條沙丁魚。他認爲，如果把錢當錢看，動用它去投資就會遲疑，導致錯過機會；換個角度，如果把錢當魚看，動用起來就會像用餐一般充滿快感。

聽起來似乎沒什麼問題，但其實問題相當大。這家企業當時年銷售額只有「三條金槍魚」那麼多，老闆卻執意籌措「七條金槍魚」來修建新廠，結果導致

「十條金槍魚」全賠上去，從手指縫中溜走。

無論事件的起因多複雜，至少有一件事情是顯而易見的——這位老闆實在缺乏應有的數字敏銳度。將一億日元看作一條金槍魚，其實也就象徵了對數字運作的遲鈍與排斥，必然導致決策草率、投資失敗。

將數字只看成數字不是一件難事，但僅僅做到這一點仍不夠。我們還要看清躲在背後的事件眞相，觀察它們的流動和流速，成爲一個眞正運用、支配數字的人，而不是一個被數字追著跑的人。

訓練這種感覺，可以透過以下捷徑：

- 時時記錄各項收支。
- 經常翻看、回想各項收支記錄。
- 留意外出時看到的各種數字，與自己聯繫。
- 控制每個月的電話費等支出。
- 在超市流覽各類物品，看價格，估算成本，再查看折舊程度。

一段時間之後，對數字的敏銳度必定有所提升。

猶太人認爲，機會稍縱即逝，所以必須培養快速心算能力。運用數字，每一處都不可模糊；運算數字，每一處都要求絕對清楚。

正是因爲猶太人心算快，且算得準確，所以在錯綜複雜的商場上，尤其是談判桌上，總能夠做出又快又好的決策，並保持冷靜理智態度。

他們對數字有絕對的自信心，甚至總隨身攜帶著計算機。

「猶太人的心算太厲害了，根本讓我啞口無言。」

曾有一名日本商人在結束與猶太人的商業談判後，因精神與體力透支而暈倒，這便是他醒來後所說的第一句話。

做好完善預算，理財更簡單

預算並不是束縛行動的緊身衣，當然也不是毫無目的地把花掉的每一分錢都做記錄。預算是一張藍圖、一個經過計劃的方法，用以幫助你從自己的收入中得到更大好處。

猶太人認爲，每天爲自己算帳，是所有商人都必須遵循的守則，因爲這種習慣將可有效避免財務赤字。財務赤字不只是實質收益的減少，更會引起心理恐慌，導致影響人的投資舉措。

一位美國知名心理學家曾說：「處理家庭收入其實是個簡單問題，有錢的時候多花，沒有錢的時候就少花一些，不就好了嗎？」

他的理論很簡單，但卻存在問題，只要仔細思考就可以發現，採行這種做法，等於對收入全無規劃。

毫無計劃地花費，就等於讓每個人——包括肉販、麵包商等等，都來分享你的收入。相反的，有計劃或是有預算的花費，可以保證你和你的家人生活無虞，並將收入做最妥善的運用。

預算並不是束縛行動的緊身衣，當然也不是毫無目的地把花掉的每一分錢都做記錄。預算是一張藍圖、一個經過計劃的方法，用來幫助你從自己的收入中得到更大好處。

正確的預算方式會告訴你如何達成目標，如何刪減那些比較不重要的項目，以支援眞正有必要採取的大額花費。

猶太商人多採取以下辦法，幫助完成家庭預算計劃：

- 記錄每一筆開銷，以清楚了解支出情形

除非知道錯在哪裡，否則無法改善任何問題。如果你不知道應當在何處刪減，爲什麼刪減，以及必須刪減什麼，節約就毫無意義。

所以，學習控制開支，進行預算計劃的第一步，就是在一段期間內，記錄下家庭的每一筆收入與開支。等到年底的時候，把這些花費累加起來，就能馬上精確且清楚地知道自己賺來的錢究竟去了哪裡，還剩下多少。

知道這些，將可有效幫助你控制自己的消費。

‧儲蓄額度至少達到收入的十％

規定你自己和你的家庭成員，將開銷維持在固定額度，至少要把收入的十分之一儲蓄起來，或進行長期性投資。你也可以想辦法建立一筆額外資金，以備不時之需或特殊用途，例如買房子或汽車。

許多財務專家都曾說過，如果你能節省下收入的十分之一，即便物價指數上升，仍可望在幾年後改善自身經濟環境。

‧根據家庭的特殊需要，設計出自己的預算

把這一年裡固定的開銷列出來──房租、飲食、水電費、保險金，然後再計劃其他的必要開銷——服裝費、醫藥費、教育費、交通費、交際費等等。

每個人都知道，這不是件容易的事情。擬定計劃需要決心、成員共同合作，有時候還需要嚴謹的自制力，但既然希望生活富裕舒適，就一定要做。

我們不能買下看上的每一件東西，但可以決定什麼東西對我們最重要，不可缺少，並放棄那些相對較不重要的東西。

你願意為擁有一個舒適的家而少買昂貴的衣服嗎？

你願意犧牲一趟旅行，將節省下來的錢投資在大尺寸液晶電視上嗎？

如果願意，你就必須嚴格檢討並控制花錢方式與態度。

• 考慮購買合適的人壽保險

瑪莉昂．艾巴里曾任人壽保險協會婦女部主任，對於人壽保險這一領域，無論看法或認知都相當具專業性。

當人們詢問起相關問題時，她會建議為人妻者，自問以下問題：可知道投保之後，能滿足家庭的哪些基本需要？可知道一次付款和分期付款的不同，以及各有什麼好處？可知道單以付款的方法而論，可以有多少不同的選擇？可知道投保人壽保險的眞正好處與目的？

如果一個男人很早便去世，人壽保險將可以在經濟上給予支持，保護這個人的家庭；如果活得好好的，得以安享餘年，人壽保險將可以供給他獨立的基金。

凡此種種，都是非常重要的問題，必須釐清並認清。善用人壽保險，可以帶來很大的幫助，無論是在經濟上的支持，還是心理上的安全感。

猶太人之所以能擠進財富的窄門，主要是因爲他們心中有一個明晰的帳目，將自己經手的每一筆收支都計算得清清楚楚，眼光極高極遠，可以預先估計、設想到其他人看不到的地方，這就是理財智慧的充分展現。

不做沒有道理的金錢投資

猶太人很吝嗇嗎？其實並非如此，應該說，他們只是不願支付沒有道理的錢，不做不必要的投資。在猶太人看來，這種態度是自己的絕大優點，重視金錢的最好體現。

猶太人認爲，只有節制的快樂，才是眞正的快樂，這種處事有度的節制態度，尤其表現在看待金錢的方式上。當然，在其他民族的眼裡，就顯得過分節儉，甚至到了吝嗇的程度。

猶太人堅持，出門買東西，不管花費多少，哪怕只是極微小的一筆，都一定要有帳單或者發票。許多猶太人都對東方社會商家不愛開發票、顧客不愛索取發票或帳單明細的現象，感到不可思議。

絕大多數民族對待金錢的態度，都比猶太人來得馬虎。

有一位希臘人經常光顧某家餐廳，每次大致都吃相同的飯菜，但每次結帳，價錢都不太相同，有極微小的差異。他的猶太朋友聽到這件事，十分驚訝，堅持要向餐廳追究。

希臘人聳聳肩，微笑說：「不過一點小錢，何必認眞？」

猶太人卻完全不能認同，一邊用力搖頭，一邊口呼上帝，彷彿對方的行爲犯了什麼天大罪過。

猶太人很吝嗇嗎？其實並非如此，應該說，他們只是不願支付沒有道理的錢，不做不必要的投資。

在猶太人看來，這種嚴謹態度是自己的絕大優點，重視金錢的最好體現。

大多數猶太人不喜歡東方民族廣泛贈送禮物的習慣，原因也在此。

曾有一位猶太人在一家日本百貨公司閒逛的時候，偶然和一位日本經理攀談起來，那位日本經理相當認眞地詢問：「情人節、耶誕節、父親節、母親節等，我們都沿用了西方的習俗，可是還嫌不夠周到。請問，在你們猶太人的風俗之中，還有沒有任何可以送禮的節日？如果有的話，請告訴我。」

想當然爾，那位猶太人除了目瞪口呆，什麼也說不出來。

猶太人雖然也會在某些值得慶祝的日子交換禮物，但只限於和自己有血緣或其他特殊關係的人物，所贈送大都只是便宜的小禮物。

禮輕情義重，重點在於這個舉動傳遞的心意，因此無須打腫臉充胖子，做任何不必要的浪費，這是猶太人看待送禮行爲的原則。

因爲猶太人在金錢方面的「節制」，導致世界各地都廣泛流傳著關於他們有多吝嗇之類故事。莎士比亞的劇本《威尼斯商人》中，猶太商人夏洛克貪婪、吝嗇、狡詐的形象，顯然也是長期不理解造成偏見累積的影響。

事實上，比較恰當的說法，應該這樣說：猶太人並不吝嗇，只是較其他民族都更愛惜金錢。他們崇尚節制，因爲這是消費的最正確態度，不僅顯示對金錢的尊重，更是對所有經濟活動的尊重。

以平常心看待金錢的意義

在猶太人心中，錢就是錢。他們孜孜以求地獲取它，但當失去它的時候，也不至於痛不欲生。正是這種平常之心，得以在商海中馳騁自如，臨亂不慌，取得穩操勝券的效果。

猶太人熱衷於賺錢，這是由長期的生存環境決定的民族特性，但猶太人對錢，卻一直保持著一顆平常之心。

對於錢，猶太人既沒有敬之如神，又沒有惡之如鬼，更沒有既想要又羞於碰觸的尷尬心理。在他們看來，錢乾乾淨淨、平平常常，賺錢大大方方、堂堂正正。以錢為生，這只是一種樸素而又自然的生活方式。

一位無神論者，前來拜訪猶太教士拉比。

「您好，拉比。」無神論者說。

「您好。」拉比回禮。

無神論者拿出一個金幣給他，拉比二話沒說便裝進了口袋裡。

「毫無疑問的，你想讓我幫你做一些事情，」他說：「也許你的妻子不孕，你想讓我幫她祈禱。」

「不是，拉比，我還沒結婚。」無神論者回答。

於是他又給了拉比一個金幣，拉比也二話沒說又裝進了口袋。

「但是，你一定有些事情想問我。」他接著又說：「也許你犯下了罪行，希望上帝能原諒你。」

「不是，拉比，我沒有犯過任何罪行。」無神論者回答。

他又一次給拉比一個金幣，拉比仍然二話沒說又裝進了口袋。

「也許你的生意不好，希望我爲你祈福？」拉比期待地問。

「不是，拉比，今年是個豐收年。」無神論者回答。

他又給了拉比一個金幣。

「那你到底想讓我做什麼？」拉比迷惑地問。

「什麼都不用，眞的什麼都不用。」無神論者回答：「我只是想看看一個人什麼都不做，光拿錢，能撐多長時間。」

「錢就是錢，不是別的。」拉比回答說：「我拿著錢就像拿著一張紙，一塊石頭一樣，沒有差異。」

由於對錢保持平常心，甚至把它視爲一塊石頭、一張紙，猶太人才不至於將它視若鬼神，也不把它分爲乾淨或骯髒。在他們心中，錢就是錢，相當平常的東西。因此，他們雖孜孜以求地獲取它，當失去它的時候，也不會痛不欲生。正是這種平常之心，他們得以在驚濤駭浪的商海中馳騁自如，臨亂不慌，取得穩操勝券的效果。

視錢爲平常物，是猶太人經商智慧之一，值得學習。

一味存錢不如聰明用錢

努力賺錢，也要聰明用錢，這才是富人的做法。猶太人相信絕不要對自己吝嗇，這是一種貧窮的表現。生活要過得幸福開心，不要怕花錢。

經商是讓錢不斷增值的過程，猶太人的賺錢原則是「沒有的時候就借，有錢了再還，不敢借錢永遠不會發財」。

一味攢積錢財只會讓人變得越來越貧窮，因爲思維也跟著貧窮。賺錢會讓人富有，這是一個想要富有的人應該抱持的觀念。

一個人所具有的思維和感覺，決定了他將來能否眞正擁有財富。富有的思維創造財富，表現出富人的慷慨和大度；貧窮的思維則導致眞正的貧窮，表現出的是窮人的卑微和吝嗇。

人如果過於貧窮，就會成天爲了生存而奔忙勞碌，腦中所想的只剩下最簡單的生存需要，沒有時間去想任何遠大的志向。如果不再有產生財富的渴望，也就失去了成爲富人的條件。

猶太巨富比爾．薩爾諾夫小時候生活在紐約的貧民窟裡，有六個兄弟姐妹，全家只靠父親做一個小職員的微薄收入過活，生活極爲艱苦。他們只有把錢省了又省，才可以勉強度日。

到了比爾十五歲那年，父親把他叫到身邊對他說：「小比爾，你已經長大了，要自己養活自己了。」

小比爾點點頭，父親繼續說：「我攢了一輩子也沒有給你們攢下什麼，我希望你能去經商，這樣我們才有希望改變貧窮的命運，這也是猶太人的傳統。」

比爾聽了父親的忠告，於是決定去經商，結果如何呢？

他在三年之後改變了當時的貧窮狀況；五年之後，他們全家搬離了那個社區；七年之後，他們竟然在寸土寸金的紐約市買了房子。

猶太人世代經商，因爲他們知道只有經商才能賺取最大利潤，並徹底地改變自己貧窮的命運。一代代猶太人透過經商，賺取了讓世人瞠目的財富。

賺錢本身就是智慧的思維，想要成爲一個富人，不但要有智慧的思維，而且還要付諸行動。只有這樣，才能進入富人的行列。

努力地賺錢，也要聰明地用錢，這才是富人的做法。

看看猶太人是怎麼做的吧！他們說，生活要過得幸福和開心，日子一定要有豐富的感覺，不要怕花錢，相反地，要大把大把地花錢。猶太人喜歡在那些裝飾考究、豪華的飯店裡吃晚餐，內容極爲豐盛，且一吃就是兩個小時以上。他們邊吃邊聊，不時哈哈大笑，那樣子十分愜意。

這種快活讓日本人自愧不如，由於民族性使然，日本人花錢極其算計，他們只想到拚命地工作賺錢，於是，生活裡就只剩下工作。

爲了工作，甚至連吃飯的時間都要盡力地縮短，他們覺得人只要能夠工作，就算不吃不睡也無妨。

然而，猶太人相信，絕不要對自己吝嗇，這是一種貧窮的表現。

對於一個成功的猶太商人來說，賺錢的時候，有運籌帷幄的能力，花錢的時候，就要大把大把地花。這樣才顯示出應有的胸懷和自信，如此氣定神閒、從容不迫，才算是一個眞正的商人。

英國作家喬治·蕭伯納在他的著作《巴波拉市長》中這樣說道：「最大的罪行和最壞的罪行，都是貧困。」財產是進入社會的通行證，而窮困則較可能成爲罪惡的淵藪。均富是社會安定的基礎，爲了人生的幸福，要儘量擺脫貧窮。

莎士比亞的名劇《威尼斯商人》，告訴人們金錢對於人生的重要性。

劇中的主角安東尼奧是個破產的商人，向商人夏洛克的借了高利貸，但不幸的是商船在海上遭遇了暴風，貨物全都沉沒海底。按照他們的契約，如果安東尼奧不能按時歸還貸款，就要割下他身上的一磅肉作爲賠償。幸虧他的未婚妻鮑西雅巧扮律師，以割肉不能流血爲條件，才制服了夏洛克。

安東尼奧爲了自己的生存和發展，在沒有錢的情況下，居然連如果三個月不能還錢，就割下自己身上一磅肉作爲賠償這樣苛刻的條件也答應，生動地描繪了當人處於貧困的狀況之下，是多麼困難和無助，就像即將溺死的人一樣，即使伸出的是一把刀子，也會毫不猶豫地抓住。

幸虧這份合約有漏洞，安東尼奧才得以保全性命，否則，割下一磅肉不僅自己的生命不能保全，心愛的未婚妻更不知道會如何痛心，引發一切的罪魁禍首，不過是區區三千元。三千元足以決定一個人的寶貴生命和一個家庭的幸福，由此可見，金錢的威力在這個社會是多麼的強大。

不論在古代還是現代，金錢在社會的作用是絕不可以低估的。

我們身處的是個弱肉強食的商業社會，如果沒有金錢，就難以獲得尊重，將會處於孤立的邊緣地帶。

猶太人這麼說：「富親戚是近親，窮親戚是遠親。」猶太人的歷史一再地驗證了這個事實，沒有金錢的時候，就處於社會的底層，人們都看不起他們，說他們是「猶太鬼」，無論走到哪裡都受到淩辱和壓迫。

但是一旦他們有了錢財，就可以和貴族平起平坐，獲得人們的欽慕和妒忌。猶太人終於了解這個道理，想要在社會中立足，沒有錢的人註定是可憐的人，要獲得尊嚴和尊敬，就必須有錢。

但是，做財富夢的同時，猶太人更明白只靠攢錢是成不了富翁的，所以猶太人從不把錢存入銀行生利息。

猶太人善於精打細算，把錢存入銀行，年息不高，但若是把錢投資在有潛力的項目上，配合對市場走勢準確的觀察分析，每次周轉盈利不會少於三十%。一年滾動周轉四次，所得的利潤將會超過一百%。

猶太人寧願把自己的錢用於高報酬率的投資或買賣，也不肯把錢存入銀行。不存款是猶太人經商智慧不可忽視的部分，這是一門資金管理科學。「有錢不置半年閒」是一句很有哲理的生意經，做生意要合理地使用資金，千方百計地加快資金周轉的速度，減少利息的支出，增加商品單位利潤和總額利潤。

在猶太人眼裡，衡量一個人是否具有經商智慧，關鍵就在於能否靠著不斷滾動周轉有限的資金，獲得更高的營業額。

猶太人普利策出生於匈牙利，十七歲時到美國謀生。剛開始時，他在美國軍隊服役，退伍後開始探索創業之路。

經過反覆觀察考慮，決定先從報業入手。

對於一個毫無資本和辦報經驗的人來說，想透過辦報紙賺錢，無疑是癡人說夢，但普利策卻堅定不移地按照這個奮鬥目標前進。

爲了得到資本，他到聖路易斯的一家報社，向老闆求取一份記者的工作。一開始老闆對他不屑一顧，拒絕了他的請求。但是，普利策反覆自我介紹和懇求，在言談中老闆發覺他機敏聰慧，於是勉強答應留下他當記者，不過必須先以半薪試用一年，之後才能商定去留。

普利策爲了實現自己的目標，忍耐老闆的剝削，並全心全力投入工作之中。他勤於採訪，認眞學習和瞭解報社的各個工作環節，晚上也不斷學習寫作及研讀法律知識。他寫的報導不但生動、眞實，而且法律性強，不至於引起社會的非議和抨擊，吸引著廣大讀者。

面對普利策創造的巨大利潤，老闆很高興地吸收成爲正式員工，第二年再提升他爲編輯。普利策終於開始有了點積蓄。

經過幾年的職場經驗，普利策對報社的運營情況已經瞭若指掌，於是他用自己不多的積蓄買下一間瀕臨歇業的報社，開始創辦自己的第一份報紙——《聖路易斯郵報快訊報》。

普利策辦報初期，資本嚴重不足，但他很快就度過了難關。

十九世紀末，美國經濟開始迅速發展，商業興旺發達，很多企業爲了加強競爭力，不惜投入鉅資在廣告宣傳。普利策看準這個目標，於是把自己的報紙辦成以經濟資訊爲主，加強廣告部門，承接各式各樣的廣告。

就這樣，他利用客戶預繳的廣告費，使自己有資金正常發行報紙，發行量越來越大。他的報紙發行量越多，廣告也就越多，所以收入進入良性循環。最初幾年，每年的利潤就超過十五萬美元，沒過幾年，已經成爲美國報業的巨頭。

即使不存款，但只要有錢就「不置半年閒」，也能夠成功經商。普利策初時毫無分文，靠著打工賺來的半薪，然後節衣縮食省下極有限的金錢，再一刻不閒地努力，進而徹底發揮自己的能力，這就是無本經營獲致成功的典型範例。

愛財有道，用正當手段賺鈔票

猶太人絕對不僅僅是一個善於搶錢的民族，更擁有堅強的意志與嚴謹的自我要求，這正是他們勝過其他人的地方。經商者一定要使盡渾身解數搶錢，但要在內心擺上一把衡量的尺。

猶太人雖然愛錢，但他們只賺屬於自己的錢，不至於貪婪地謀奪根本不屬於自己的東西。當著金錢的誘惑，他們總能保持足夠的定力。一句話概括，他們絕不讓金錢腐蝕自己的靈魂。

猶太人追求財富，憑藉自己的頭腦和雙手，採取光明正大的態度。他們相信，若動歪腦筋貪取「不義之財」，將會遭受神的懲罰。

有一名猶太婦女出門購買東西，回到家後，從提袋中取出物品，卻發現裡面多出了一枚戒指。她便帶著孩子一起去找猶太教士拉比，請教該如何處理。

拉比聽完之後，講述了一則古老經典《塔木德經》中記載的故事：

有位拉比平日靠砍柴爲生，每天都必須把砍來的柴從山上背到城裡去賣。那名拉比爲了節省走路的時間，便決定買一頭驢子代步。

拉比向市場上的阿拉伯人買了一頭驢子，牽上山來。門徒們看到了，非常高興，就把驢子牽到河邊，打算替牠好好洗個澡，卻沒料到，竟從驢脖子上掉下一顆光彩奪目的大鑽石。門徒們高興極了，歡呼雀躍，認爲可以從此脫離貧窮生活，只要專心致志地研讀經書就好，再也不用工作。

出乎門徒們意料的事情發生了，拉比聽說之後，非但不高興，反而馬上領他們進城，要把鑽石還給阿拉伯人。找到賣驢子的阿拉伯人後，拉比對他說：「我買的只是驢子，不包括鑽石，所以我不應該擁有它。」

阿拉伯人一聽，大感驚訝：「既然你買了這頭驢，鑽石又是在驢子身上找到，實在沒有必要拿來還我，不是嗎？」

拉比搖搖頭回答：「這是猶太人的傳統，我們只能拿自己支付過金錢的東西，所以鑽石必須歸還給你。」

阿拉伯人一聽，肅然起敬道：「這種態度，實在相當偉大。」

聽完拉比講述的故事，那名猶太婦人立即決定歸還戒指，但又不知該如何向百貨公司解釋，拉比告訴她：「無論這枚戒指究竟屬不屬於百貨公司，如果對方問及妳退還戒指的原由，只需說一句話『因爲我們是猶太人』，這樣就夠了。還有，請帶著孩子一起去，讓他親眼目睹這件事情的發展，這樣，他一定會對母親所表現的正直與偉大記憶深刻。」

這則故事，是否能帶給你任何啓示呢？

猶太人絕對不僅僅是一個善於搶錢的民族，更擁有堅強的意志與嚴謹的自我要求，這正是他們勝過其他人的地方。

「君子愛財，取之有道」，經商者當然愛錢，也一定要使盡渾身解數搶錢，但要在內心擺上一把衡量的尺，告訴自己，抓住所有應該屬於自己的錢，對於那些不屬於自己的財富，則根本不要看在眼裡。

不會理財當然難以發財

猶太人對金錢有著極度敏銳的感覺，把商品標注的價格看作數目相同的現金，絕不會輕易浪費任何一件商品。不浪費商品，也就等同保有了現金，換句話說，就是節省了錢。

猶太人認爲，能掙錢不如會管錢，不會理財就不可能發財。

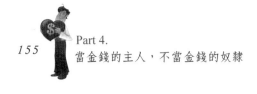

對自己的「家底」不清不楚，就無法用錢辦好事。相對的，知道「家底」，就能很快拿出對策，以免造成投資失誤或讓漏洞繼續擴大。所以，不管你是普通的上班族，還是小店的經營者，或者大企業的老闆，都要像個精明的帳房先生那樣，隨時盤算自己的「家底」，做到有多大能耐、辦多大事。

對金錢保持敏銳的感覺，是企業管理者必須掌握的一種技能，既要抓住機會賺錢，又要對原有的資本嚴格把關。至於公司的資本，不僅限於現金，還包括了材料、商品、設備……等等。

不妨想想，如果公司的資金籌措已經相當緊迫，企業負責人卻仍然每天享受優裕的物質生活，嘴巴不停地抱怨還差好幾百萬，一邊將手邊的錢如打水漂般拋撒，怎麼可能成功呢？

的確，相較於一百萬元，一千元根本算不得什麼，但如果連前因後果都仔細考量清楚，就不會覺得是完全不相干的事情了。俗話說「一文錢逼死英雄好漢」，不會珍惜小錢的人，絕對成不了大事業。

這麼說並不是要人吝嗇，而是要人對每一分金錢做最精細的打算，尤其是有志成功致富的經營者。

一分也不能浪費，並不僅限於看待現金，商品、原料、燃料、人力資源也同樣禁不起浪費。

它們雖然不是金錢，卻與金錢息息相關。對金錢以外的東西，很多人都難以

用同樣嚴謹的眼光去看待，因此，不少人看重金錢，卻不斷地浪費手中擁有的其他資源，而不感到嚴重，實在相當可惜。

假設一位店主借給鄰居一萬元，到了約定的日子，對方卻沒有歸還，內心必定很不高興。又過了很長時間，鄰居仍舊沒還，店主對此非常生氣，就極有可能直接登門以強硬態度索回借款，從此再也不搭理對方。

也有另一種可能，那位鄰居向店主賒了一萬元的商品，店主當時不當一回事，覺得什麼時候付錢都可以，不久就淡忘了，鄰居竟也同樣忘記。店主等到年底才想起，但是，已經過了好長一段時間，礙於面子，也不便再開口追討，等來等去，這筆債最終不了了之。

爲什麼同樣是一萬元的賒借，卻有完全不同的結果？

原因很簡單，就在於「現金」和「商品」的差別。

前者對現金無法追回感到非常生氣，後者卻因爲不是現金而是商品的賒欠，變得慷慨大方，可是實際上，同樣都遭受到一萬元的損失。或許後者會由成本計價，想到售價一萬元的商品，成本不過才六千元，因而較能釋懷，可是，站在利益的衡量角度，實在太過遲鈍，不能算是一個好的經營者。

猶太人絕對不犯這種錯誤，他們對金錢有著極度敏銳的感覺，把商品標注的價格看作數目相同的現金，絕不會輕易浪費任何一件商品。不浪費商品，也就等同保有了現金，換句話說，就是節省了錢。

5

建立正確認知是致富之始

你覺得「薄利多銷」可行嗎？猶太人可絕對不贊同。他們會告訴你，世界上有將近八成的財富掌握在兩成左右的富人手裡，瞄準他們，才可能真正致富。

把精力瞄準真正可能產生的效益

不賺錢的投資不符合「二十二：七十八法則」，因而不能生存。想要賺錢，就必須懂得在經營過程中核算，投入的資本，起碼要達到一定的利潤回報率，才算合算。

猶太生意經裡面，存在著一條法則，可以說是不受時代推移與人類意志扭轉的定理。正是因爲遵循了這條法則，猶太人做起生意來常勝不敗。

這條法則，就是「二十二：七十八法則」，它構成了猶太生意經的根本，也正是近年來許多管理學家大力倡導的「八十／二十法則」。

這條法則並不是憑空由想像生出，而具一定科學依據。

我們先來分析一下正方形的內切圓：假設一個正方形的面積爲一百平方公

分，那麼，內切圓的面積為七十八．五平方公分，大約等於七十八平方公分，餘下的面積則為二十二平方公分。

猶太生意經的根本法則，與正方形內切圓面積和餘下面積之比完全吻合，其他可信例證還不止於此。

分析空氣中的氣體，比例為七十八%的氮氣，而氧氣及其他氣體合佔二十二%。甚至人體，也是由七十八%的水和二十二%的其他物質構成。

「二十二：七十八法則」，是人力不可抗拒的大自然法則，如果推翻了，人類甚至根本無法生存。

難道不是嗎？一個氮氣佔六十%、氧氣佔四十%的空間，無法孕育萬物，若把體內的水分比例降至六十%，人就會馬上死亡。

因此，「二十二：七十八法則」絕對不能變作「七十五：二十五法則」，也絕對不能變作「四十：六十法則」，可以說，它是永恆的眞理，也象徵著宇宙中存在的不可逆轉性。

猶太人的投資，正是本著「二十二：七十八法則」來經營運作。

他們認爲，不賺錢的投資不符合「二十二：七十八法則」，因而不能生存。想要賺錢，就必須懂得在經營過程中核算，恰如正方形的內切圓一樣，投入的資本，起碼要達到一定的利潤回報率，才算是划算的生意，達不到比率就一定虧本，這樣的生意絕不能做下去。

向「非我民族」的外國人放貸賺錢，正是猶太人起家的高招之一。他們在英國和歐陸進行產業革命時，瞄準了企業發展急需資金的狀況，以高利率把錢借給有需求的企業，得到的回報，比自己投入經營還多，而風險相應減少。只瞄準極小的市場，就賺到了極大資本，正是「二十二：七十八法則」的體現。

美國企業家威廉．莫爾發跡之前，曾爲格利登公司銷售油漆，但是頭一個月僅賺得一百六十美元。

爲此，他仔細研究了猶太人經商的定律，再分析自己的銷售圖表，發現其中八十％的收益，的確僅來自二十％的客戶，但是他卻對所有客戶都花費同樣的時間，這就是失敗的主要原因。

於是，他要求把最不重要的三十六個客戶重新分派給其他銷售員，而自己則把精力集中到最有希望的客戶上。

到了下一個月，馬上賺進一千美元。

由於學會了猶太人經商的「二十二：七十八法則」，並以此規劃、調整自己的行動，連續九年不改變也不鬆懈，最終使他自己擁有了一家極爲賺錢的油漆公司。

想要進一步領悟堪稱黃金定律的商場「二十二：七十八法則」，就該本著它進行投資，分析不斷發展的經濟眞正需要的資金支援形勢，吸納社會分散貨幣以購買股票或股權，然後讓密集的資金流向耗資多但回報率高的大專案上。

由於把大約七十八%的資金配置到最佳的二十二%項目上，讓手中金錢急速增值，終使猶太民族於世界金融業中佔據優勢位置。

將有限精力投注在眞正有價值的地方，才能換來無限收益。

要賺，就賺富人的錢

「錢在有錢人手裡，要賺，就賺有錢人的錢」，這是猶太人充滿智慧的經商哲學，根源自他們對生活、對世界的看法，所謂「二十二：七十八法則」是千古不變的真理。

財富絕非平均地掌握在人們的手中，事實恰恰相反，擁有財富的那些人，其實在總人口中，僅佔非常微小的比例。

換句話說，錢在有錢人手裡。

這其實只是一個再簡單不過的道理，但眞正能夠理解，並運用到商業運作、經營管理中的聰明商人，爲數相當少。

有人說：「美國的財富，在猶太人的口袋裡。」這話一點不假，佔美國人口極小比例的猶太人，卻擁有美國絕大部分的財富，這個現象也正好印證了前述的「二十二：七十八法則」。

事實上，不僅美國，還包括了亞洲的日本、歐洲的一些國家，獨佔金融界或商界鰲頭，身爲百萬、千萬、億萬富翁者，絕不乏猶太人的身影。如果詢問生財之道，他們可能只會漫不經心地說一句：「錢本來就在有錢人手裡。」

你必定很不滿意這個根本不是答案的答案，但請千萬別誤會，其中大有奧妙，猶太人正在告訴你一個眞理——錢在有錢人手裡，所以，去賺那些有錢人的錢吧！這可是生財致富的最快方法。

一個國家中，富有的人必定遠遠少於一般大衆，但富人所持的貨幣卻壓倒大多數人。也就是說，一般大衆所持有的貨幣爲二十二%，而富人所持有的貨幣是七十八%。

因此，做生意時，若鎖定以擁有七十八%貨幣的二十二%富人爲主要對象，必能賺更多的錢。

「錢在有錢人手裡，要賺，就賺有錢人的錢」，這是猶太人充滿智慧的經商哲學，根源自他們對生活、對世界的看法，也就是「二十二：七十八法則」。

這個法則具有絕對權威，是千古不變的眞理，猶太人理所當然地將它作爲經商基礎，依靠以獲取世人皆羨慕的財富。

舉一個例子，假如有人問，世界上放款的人多，還是借款的人多？一般人必定回答借款的人多。但經驗豐富的猶太人回答卻恰恰相反，他們會一口咬定放款人佔絕對多數，實際情況也正是如此。

銀行總體來說是個借貸機構，它將從很多人那裡借來的錢，再轉借給少數人，從中賺取利潤。套用猶太人的說法，借款人和放款人的比例接近二十二：七十八，正好讓銀行利用以賺錢。若非如此，就有破產之虞。

在「二十二：七十八法則」經過猶太人千百次運用，幾乎百發百中以後，世界上具有聰明頭腦的少數商人也開始感覺到其中魔力，並加以學習。

一位日本商人就是受這種魔力吸引，並完整地運用到自己所經營的鑽石生意上，獲得了意想不到的成功。

鑽石，一種高級奢侈品，是高收入階層的專用消費品，一般收入的人幾乎購買不起。而從一般統計數字來看，擁有巨大財富，居於高收入階層的人數，比一般收入的人數要少得多。

因此，人們都抱有一個觀念：消費者少，利潤肯定不高。絕大多數人都忽略了，居於高收入階層的少數人，卻持有相對多數的金錢。

更明確說，高收入人數和一般大衆的比例爲二十二：七十八，但他們擁有的財富比例卻要顛倒過來看，呈七十八：二十二。

猶太人告訴我們：賺有錢人的錢，絕不吃虧。那名聰明的日本商人學到了這個道理，於是把經營鑽石生意的眼光，投向了其實只佔極小人口比例的有錢人身上，一舉取得巨額利潤。

二十世紀六〇年代末的冬天，那名日本商人決定開始經營自己的鑽石生意，遭到多次拒絕，最後總算說服一家百貨公司提供一個攤位。雖然位置並不好，在顧客流量較少的角落，但他一點也不灰心，還誇下海口，一定要大賺一筆，讓所有人見識一下所秉持經營法則的厲害。

當時，百貨公司高層曾滿不在意地說：「經營鑽石生意，能夠達到兩千萬日元，就算相當厲害了。」

那名日本商人立即反駁：「不，我可以賣到兩億元給你們看。」敢於這麼說，無疑是源於「二十二：七十八法則」給予的信心。

事實上，成果很快就顯示出來了。

首先，地理位置並不太好的店面，取得了巨大的利潤，大大突破一般人認為不過幾百萬的效益估量。當時正值年關，大拍賣活動不斷，吸引了大量顧客，日本商人就利用這個機會，和紐約的珠寶店聯絡，運寄來的各式大小鑽石，幾乎被富人們搶購一空。

接著，他又在東京郊區及四周，分別設立據點推銷鑽石，生意極佳。一九七一年二月，銷售額堂堂突破了三億日元，實現了當初許下的「狂言」。

鑽石生意能夠成功，奧秘在哪裡？

說穿了，就在於「二十二：七十八法則」。

一般人只覺得鑽石就好比勞斯萊斯或林肯豪華轎車，有能力購買者很少，因此銷路一定不好，卻沒想到凡有能力購買者，消費能力必定驚人，手中握有大多數人根本無法企及的龐大財富。

這就是猶太商人以成功印證的定律——要賺，就賺富人的錢。

薄利多銷不見得是賺錢的好門道

「薄利多銷」呈現了賣主對自身商品的無自信，無形中傳遞出一種「因為商品不好，所以才便宜賣」的訊息。因此，自信的猶太商人堅持「厚利適銷」，販售商品從來不減價。

不少商人都認爲「薄利多銷」是經商賺錢的最高原則，只要將價格壓低一些，每件的利潤減少一些，就會吸引更多人前來購買自己的商品，從而達到賺錢目的。甚至，許多人會把「薄利多銷」作爲縱橫商場的金科玉律。

然而，猶太人對「薄利多銷」的經商法則大不以爲然，他們會以嘲笑的口氣反問道：「與其『薄利多銷』，爲什麼不『厚利』而『適銷』呢？」

精於經商的猶太人認爲，如果大家都奉行「薄利多銷」，各商家競相降價，舉行名目繁多的「換季大出清」、「拆遷大拍賣」，無異於拿繩子往自己的脖子上套，越勒越緊，直到動彈不得爲止。「薄利多銷」表面看似熱鬧，實則使商家元氣大傷，絕對不是最理想的方法。

猶太商人認爲，進行薄利競爭，如同自找死路。

在他們看來，同行之間展開以薄利多銷爲主軸的戰爭，期望以較低價格售出較多商品，心態可以理解。但在考慮低價銷售前，爲什麼不考慮多獲一點利？如果大家都相互以低價促銷，如何能維持長久的經營？

「薄利多銷」呈現了賣主對自身商品的無自信，無形中傳遞出一種「因爲商品不好，所以才便宜賣」的訊息。因此，自信的猶太商人堅持「厚利適銷」，販售商品從來不減價，顯示品質的優異之外，也維持了一定的獲利。

敢於奉行「厚利適銷」原則，還有一個原因，即對顧客心理的認識。

猶太人喜歡在商店裡擺上舶來品，其中又以高級舶來品居多。事實上，某種舶來品，品質可能和本國貨一樣或相差無幾，但價格卻高出數倍以上。有錢人往往喜歡買昂貴的舶來品，顯示出自己的身份地位。猶太商人正是抓準了顧客的這種心理，競相把標價定高。因爲價格高，顧客反而更樂於搶購，如此便達到厚利適銷目的。精明的猶太商人，全都是打心理戰的高手。

如果猶太商人以八百元的價格進一套女裝，那麼他們會高高懸掛起來，擺在店內最顯眼的地方，然後標明「八千元」。凡是看到這件衣服的客人，不會注意到其他，只理所當然認爲那件衣服必定有不凡的價値，要不店家怎麼會特別標明呢？另外，八千元本身便象徵了一種身價，足以滿足虛榮心。在這種心態的主導下，富有且虛榮的女人便很容易陷入猶太商人的「心理陷阱」。

猶太商人的經商原則總與一般人背道而馳，但與此同時，他們也不是只會一味地抬高物價。既然要在市場生存，競爭當然無可厚非，過程中也免不了要透過種種手段奪取勝利，但涉及不法或惡意的攻擊抹黑，他們根本不屑採取。

總之，靈活多變地運用價格策略，盡最大力量從有錢人手中攫取利潤，促進商品銷售，是猶太人稱霸商場的至尊法則。

創造永無止境的購物需求

猶太人採用「厚利適銷」的搶錢術，與周密的市場調查和市場需要剖析分不開，不僅僅是一種敢於突破傳統的逆向思維，更是富前瞻性、遠見十足的高明手段。

對於商人來說，最頭痛的問題是與對手較量。當然，聰明的猶太商人不是靠蠻力取勝，而是靠智力取勝。與對手競爭時，猶太人手法多變，常以智力佔得先機，從而贏得勝利，絕不抱著「薄利多銷」的想法。

猶太商人對「薄利多銷」的持反對的態度，主要在於他們認爲那只是做生意的下下之策，不値得採取。賣三件商品所得的利潤，只等於賣出一件商品的利潤，根本是事倍功半的做法。

那麼，什麼才是上上之策呢？

那就是每經手出售一件商品，就得到一件商品應得的利潤，這樣既不至於造成經營費用的浪費，還保持了市場的穩定性。

想想，可不是嗎？以低價賣出大量商品，必定導致市場飽和，那麼以後就算想要再多賣一些，也必定無人問津。

不但減低自身應得利潤，還破壞市場平衡，在猶太商人的認知裡，「薄利多銷」策略簡直可說是一無是處。

經營過程中，猶太商人除了堅持「厚利適銷」做法，爲了避免受到其他商人所採行薄利多銷策略的衝擊，寧願經營昂貴的奢侈品，也不願販賣低價的日常用品。因此，世界上，經營珠寶鑽石等貴重商品者，以猶太人居多，金融證券行業也相同，長期由猶太人執牛耳，佔最大比例。

猶太商家的「厚利適銷」策略，實質上是一種「逆向戰術」。

商品經濟的長期發展過程中，競爭越來越激烈和多樣化，但也於無形中造就許多形式和規律，也就是所謂的「傳統」。較富創造性思維的經營者，爲了取得出奇制勝的競爭效果，便會拋開包袱，開創與衆不同的競爭手法，最好例證便是猶太商人的「厚利適銷」。

猶太商人「厚利適銷」營銷策略，以有錢人和巨額營業爲著眼點。購買名貴的珠寶、鑽石、金飾，等同一擲千金，只有富裕者才擔負得起。進一步來看，既然是富裕者，付得起又講究身份，自然不會對價格斤斤計較，如果商品價格過低，反而較易使他們產生懷疑。

就是因爲抓住消費者的心理，「厚利適銷」策略才能收到驚人效益。即便經營非珠寶、非鑽石首飾商品，也同樣能以高價厚利策略取勝。

如猶太人史特勞斯創辦的梅西百貨公司，出售的日用貨品比其他商店同類貨品價高，但它的生意仍不錯。銷售額在全美一百大百貨中排名第二十六位，但利潤値卻將近五．五億美元，居第四位，與排名第三位、年銷售額高達三百四十一億美元的凱馬特百貨公司相差無幾，顯見獲利豐厚。

猶太商人的高價厚利營銷策略，表面上是著眼於富有者，實則爲巧妙的生意經。畢竟，講究身份、崇尚高貴的人在社會中比比皆是，因而凡是在富有階層流行的東西，很快就會在中下層社會流行起來。

凡經濟地位介於富裕階層與下層社會間的中等收入人士，內心總想進入富裕階層，爲了滿足心理需求，同時也爲了面子因素，總要儘量向富裕者看齊，因此會願意購買時髦的高貴新品。

下層社會人士雖然力不從心，消費能力有限，但仍會受崇尚流行與虛榮的心理驅使，仿效他人行動，不惜代價購買高貴商品。

如此的連鎖反應不斷進行，終於使得昂貴商品也成爲社會流行品。

由此可見，猶太人採用「厚利適銷」的搶錢戰術，實際上與周密的市場調查和市場需要剖析分不開，不僅僅是一種敢於突破傳統的逆向思維，更是富前瞻性、遠見十足的最高明手段。

消費潮流，跟著有錢人的腳步走

趕上潮流，甚至超前於潮流，賺錢自然是水到渠成的事情。能夠把握住流行時尚，無疑就握住了賺錢的尚方寶劍，猶太人從有錢人下手的商業策略，相當值得經商者學習並借鑑。

猶太商人所奉行的「厚利適銷」法則，不但賺到了有錢人的錢，而且還更上一層樓，透過那些人，引領整個社會的消費潮流。

我們知道，要使某種商品流行起來，最重要的是先讓它在有錢人當中流行，特別是那些比較昂貴的奢侈品。

當一種商品開始在有錢人當中流行以後，就會於一般老百姓心中形成示範效應。好比中國明清時代的蛐蛐熱、鬥雞熱，剛開始，只不過是有錢的公子哥或皇族少爺小姐們的愛好，隨之引起那些稍微有點錢，一心想向貴族看齊的人的仿效，最後便在普通百姓之中廣泛流行起來了。

「人往高處走，水往低處流」，上流社會是流行的帶領者，正流行的衣飾、運動、口味、風格……等等，無一不對一般人產生影響，尤其是女性與少男少女，更熱衷於趕潮流，競相模仿。

猶太人深諳此道，並藉以操縱流行趨勢。猶太富豪羅斯柴爾德的發跡，就是先讓古錢幣在上流社會中流行起來，再廣泛普及到一般社會大眾。除此之外，日本漢堡大王藤田的發跡史，也是相當經典的例證。

「銀座猶太人」藤田，不僅靠販賣漢堡發財，還專做女人和小孩的生意，如鑽石、時裝、高級手提包、玩具……等。

他販賣的商品，無論是鑽石花樣，服飾色彩，還是手提包的樣式，都必定特別仿製當時富有階層的喜好，自然大受歡迎，且經久不衰。

當然，藤田之所以能戰勝競爭對手，還在於善於從實際出發，靈活多變，絕不是只知道模仿而以。

例如歐美風行的服飾，較適合金髮碧眼、身材修長的歐美女人，和黃皮膚、黑頭發、個子嬌小的東方女人不合，他便不會花太大力氣去引進與經營，自然更能集中火力，專注於眞正有潛力、可供開發的市場。

藤田之所以擁有「銀座猶太人」的外號，賺進龐大財富，與自身懂得靈活運用猶太生意經，也有很大關係。

若能趕上潮流，甚至超前於潮流，賺錢自然是水到渠成的事情。

市場瞬息萬變，能夠把握住流行時尚，無疑就握住了賺錢的尙方寶劍，但把握一種流行趨勢，談何容易？

猶太人從有錢人下手的商業策略，便相當值得經商者學習並借鑑。

靠高額定價打天下

「奇貨可居」是公司採取高額定價的基本原則。所謂奇貨，不僅包括新產品、稀有產品，也包括名牌產品。人們看重的是它的名氣，換句話說，名氣是它們的本錢。

前面已經談到了「厚利適銷」的觀點，更進一步說，猶太商人認爲，一些有聲譽的老店和某些名牌商品，因爲已經得到消費者的信任與好感，因此不妨把價格定得高一些，反倒更有助於提升聲望。

美國亞利桑那州大峽谷的沙漠中，有一家麥當勞分店，遊人都喜歡在此解決民生問題，但這家店的商品販售價格卻比其他連鎖店高出一大截。儘管如此，客人並不在乎，因爲它貴得有理。

走進店裡，立刻可以看見一個醒目的告示牌，寫著：由於本地嚴重缺水，所需用水需從六十英里以外的地方運來，費用是常規的二十五倍；爲吸引雇員，我們需支付較其他地方高得多的工資；爲了在旅遊淡季保持正常營業，本店還得承擔季節性虧損；又由於遠離城市，地處偏僻，本店的原料運輸成本昂貴……所有這些因素，使本店不得不調高商品價格，以維持一定的服務品質，希望您可以理解。

在這裡，遊客儘管吃著「最貴」的漢堡、雞塊、薯條，卻沒有被「宰」的感覺，反倒覺得錢花得有理。

其實，這家分店得以定高價，最根本原因還是在於麥當勞本身的品牌魅力。一九九六年美國十大商標評比，麥當勞終於超過了可口可樂，獲得第一。本來以麥當勞所秉持的宗旨，不應該在地理位置較差的地方收取較高的價格，但因爲本身良好的聲譽，使這種行爲爲顧客所普遍接受。

威望聲譽定價的另一種形式，是有意把某些商品價格定高，目的在帶動其他商品的銷售。瑞士之所以生產價格可高達數十萬美元的「勞力士」手錶，其實就在藉品牌聲望拉抬其他瑞士手錶的銷量與信譽。

美國紐約四十二街上，有一間由猶太商人魯爾開設的服裝經銷店，門面不顯眼，生意也一直不怎麼樣。

魯爾專門聘請的一位高級設計師，精心設計了一款流行牛仔服飾，準備上市銷售。他對這批產品寄予很大期望，企盼一舉改變經營不景氣的狀況。

爲此，他一口氣投入約六萬美元，首批生產一千件，成本爲五十六美元，基於打開市場的需要，他決定採取了低價策略，每件售價定在八十美元。魯爾心想，憑著新穎的款式和低廉的價格，一定發個利市。

可是，大張旗鼓地叫賣了半個月，購買者卻寥寥無幾。

急昏了頭的魯爾狠下心，每件降價十元，又拚命叫賣了半個月，購買者仍不見多。心一橫，魯爾又降低了十元價格，到達逼近成本的跳樓價，生意仍是半點起色都沒有，甚至每況愈下。

徹底絕望的魯爾自認命該倒楣，索性也不再叫賣了，讓人掛出「本店銷售最新款式牛仔服飾，每件四十元」的廣告牌，至於能否銷售出去，聽天由命。

誰知廣告牌一掛出，陸陸續續來了不少購買者，興致盎然地挑選起來。魯爾相當驚訝，簡直不敢相信，仔細一看，原來是店員一時粗心大意，在四十後面多加了一個零，寫成了每件四百美元。一下子高出十倍的價格非但沒有嚇跑顧客，反而挑起他們的好奇心，一擁而上。

原先採取低廉定價卻一籌莫展，爲什麼能靠高價扭轉乾坤呢？正是消費者的購買心理在起作用。

最新款式的牛仔服裝，主要瞄準銷售對象是愛趕時髦的年輕人，他們講究商品的外型與品質，期望滿足虛榮心，穿上定價太低的衣服，反而覺得有失體面。

當然，必須一提的是，在訂定高價銷售計劃同時，商品本身品質必須有一定水準。若本就是粗製濫造的劣質貨，那麼無論使用再高明的技巧，也只能算是欺騙顧客，完全沒有半點職業道德。

猶太商人認爲，「奇貨可居」是採取高額定價的基本原則。所謂奇貨，不僅包括新產品、稀有產品，也包括名牌產品。對名牌產品，人們看重的是它的名氣，換句話說，名氣是它們的本錢，靠品質與價格培養、營造。

在營銷過程中，採用高額定價法，能夠鞏固名牌的高貴地位，保持優良的身價，維護至高無上的優勢，當然也藉此賺取超額利潤，塡飽自己的荷包，這就是高價策略的精髓所在。

腦筋要動，賺錢神經才會通

精明的人一旦順手牽「機會」，就會以最快的速度開發它，利用它。沒有資訊，經營者就像雙目失明的人，面對四通八達的交叉路口不知如何起步。

猶太人的生活，長期處在顛沛流離當中，對於缺乏基本安全保障，不時必須打包背包就走的民族而言，縱使只是一個資訊的傳遞，都能夠決定生死存亡。因此，猶太人形成了對資訊高度敏感和重視的傳統觀念。

在世界商人中，猶太人以消息靈通著稱。羅思柴爾德家族是著名的猶太銀行世家，正是仰賴資訊賺錢的典型例子。

羅思柴爾德家族的銀行遍佈西歐，各個分行之間極爲重視互通有無，能夠迅速地獲得經濟資訊。爲了獲取資訊，羅思柴爾德家族還組建了一個專爲家族服務的資訊快速傳遞網，在交通和通訊尚不如今日這般快捷方便的時代，這個快速傳遞網對羅思柴爾德家族帶來很大的幫助。

在戰爭期間，爲了摘取資訊，羅思柴爾德家族的成員甚至不惜冒著生命危險深入戰場，以獲取最新的經濟情報。

十九世紀初，拿破崙軍隊和歐洲聯軍苦戰許久，戰局變化不定，情勢撲朔迷離，誰勝誰負一時難以決斷。後來，統帥英國的威靈頓將軍在比利時發起新攻勢，一開始打得很糟糕，爲此，歐洲證券市場上的英國股票一度疲軟。此時，倫敦的南森．羅思柴爾德爲了瞭解戰爭動向，專程渡過英吉利海峽，親臨法國打探戰況。

當戰事逆轉、法軍潰敗時，南森．羅思柴爾德人就在滑鐵盧戰場上。只要一獲確切消息後便會立即動身，趕在政府急件快遞人員之前幾個小時返回倫敦。

羅思柴爾德家族迅速動用大筆資金，趁著英國股票尚未上漲之際，大批吃進。幾個小時之後，隨著正式消息的發佈，英國股價直線上升。就在這幾個小時之內，羅思柴爾德家族已經大筆獲利。

猶太人不但善於搶得資訊，更擅長別出心裁地利用現有的資訊，或是挖掘情報進行商業活動。一位美國猶太實業家伯納德．巴魯克，曾在懶洋洋地聽完廣播後，腦子裡靈機一動，就這麼賺回大把鈔票。

一八九八年盛夏的一天晚上，二十八歲的實業家巴魯克在父母家中，隨意地聽著廣播，突然聽到西班牙艦隊在聖地牙哥被美國海軍消滅的消息，這意味著美西戰爭即將結束。

這天是星期日，隔天就是星期一，依照往例，美國證券交易所在星期一都是暫停交易的，但倫敦的交易所照常營業。巴魯克立刻了解到，如果他能在黎明前趕回自己在倫敦的辦公室，就可以大賺一筆。

這時，小汽車尚未問世，火車在夜間也停駛，他幾乎不可能趕回辦公室。巴魯克急中生智，趕到火車站，租了一列專車。漆黑夜裡，巴魯克的專車風馳電掣而去，終於趕在黎明之前回辦公室，趁其他投資者尚在睡夢中時，做成了幾筆大買賣。

猶太人是傑出的商人，他們好像生來就擁有獨特的賺錢神經，一觸即動，一動則財源滾滾。此外，猶太商人認爲，掌握了寶貴的資訊，得到了好的構想，還需要有切實可行的行動，才能使願望變成現實，把資訊變爲現金，否則一切都只是空想。

美國佛羅里達州有個猶太小商人，留心觀察到家務繁重的母親們，常常會等臨時需要，才急急忙忙地上街爲孩子購買紙尿片，於是靈機一動，想到創辦一個「打電話送尿片」公司。

送貨上門本來司空見慣，但是外送尿片這種生意則沒有商店願意做，因爲本小利微。該怎麼辦呢？

這個小商人再次靈機一動，雇傭全美國最廉價的勞動力——大學生，並讓他們使用最廉價的交通工具——自行車。

他又將送尿片服務擴展爲兼送嬰兒藥物、玩具和各種嬰兒用品、食品，隨叫隨送，只收十五%的服務費。

因爲價廉物美，服務又好，所以生意越做越興旺。

經營者獲取市場訊息，制定經營策略，目的是要把握機會。所謂機會是指一時一地出現的某種特殊條件，帶有一定的偶然性，往往稍縱即逝。

精明的人一旦順手牽「機會」，就會以最快的速度開發它，利用它。快一步則天高地闊，慢一著將滿盤皆輸。

靠資訊發財，是做生意不可少的必備法寶。沒有資訊，經營者就像雙目失明的人，面對四通八達的交叉路口，不知如何起步。

在瞬息萬變的市場，經營者必須具備極強的應變能力，隨時做出正確的決策，決策的基礎就在於耳聰目明，獲取大量及時、準確的資訊。

市場上常常出現這樣一些情況，一方面消費者持幣觀望，抱怨買不到滿意的商品，另一方面商店、攤販、生產工廠的產品賣不出去而大量囤積，其根本原因就是產品不適銷，造成生產與市場需求脫節。

有許多經營者缺乏資訊意識，不做市場調查，光憑著主觀想法盲目生產，或者仿製他人的商品，結果在激烈的競爭中一敗塗地。

有些經營者雖然重視資訊，但由於不能對得來的資訊做出快速決策而坐失良機，或者因而資訊不全面而導致做出錯誤決策。

事實上，一條有價值的資訊，一個準確的情報，會讓一大筆生意成功。

6

無論順境逆境，變通就會勝利

利益總與風險並存，順境常與逆境相伴，因此，猶太人絕對不會被安逸麻痺，他們會告訴自己，無論何時何地，都要保持靈敏的反應變通能力，藉變通勝過對手，搶得所有商機。

一筆生意，兩頭盈利

在買賣過程中把握雙贏的技巧，是大多數猶太商人會採用的方式。如此一來，自然使得他們的生意越做越大。

猶太商人認爲只要合作，就能帶來高於單打獨鬥所帶來的利益。

他們樂於與任何民族的商人合作，甚至是曾經咬牙切齒的敵人，看在利益的份上，也會願意坐下來討論合作事宜。比如石油大王洛克菲勒的合作夥伴，有很多就是曾經鬥得你死我活的勁敵。

在合作與壟斷上，猶太商人的表現突出，除了在這方面的意識強烈之外，高明的搶錢手法也值得一提。

他們以己度人，極爲懂得善用利益，誘使對方點頭。

猶太人的賺錢術不求單贏而求雙贏，即「一筆生意，兩頭盈利」。大多數猶太商人在進行商務往來時，都能夠透過巧妙的調整而取得雙贏效益。

萊曼兄弟公司是一家有將近一百五十年歷史、美國著名的猶太老字號銀行，二十世紀七〇年代末期，一年可得利潤就高達三千五百萬美元，它的創業過程也頗富傳奇性。

一八四四年，德國維爾茲堡一個名叫亨利．萊曼的人移民到了美國，在南方停留了一段時間之後，就與隨後移居美國的兩個弟弟伊曼紐爾和邁耶，一起在阿拉巴馬定居，同時開始經營雜貨生意。

阿拉巴馬是美國的重要產棉區，農民手裡只有棉花，所以，萊曼兄弟積極鼓勵農民以棉花代替貨幣來交換日用雜貨。

這樣做似乎與猶太商人一貫的「現金第一」的經營原則不符，但萊曼兄弟的算盤卻打得很仔細。他們認爲，以棉花交換商品的買賣方式，不但能吸引那些一時沒有現金的顧客，而且還能擴大銷售量，同時在以物易物並處於主動地位的情況下，能操縱棉花的交易價格。

另外，經營日用雜貨原本需要進貨運輸，現在趁著空車進貨之際，順路把棉花運過去，還能節省一筆運輸費用。

這種經營方式，無疑可以稱爲「一筆生意，兩頭盈利」，既然買賣雙方都有得賺，何樂而不爲呢？

在買賣過程中把握雙贏的技巧，不僅是萊曼兄弟的經商手段，也是大多數猶太商人會採用的方式。

如此一來，自然使得他們的生意越做越大。

猶太人這種「一筆生意，兩頭盈利」的贏錢術，相當符合現代經商原則。

改變思考方式，獲取更多財富

規則雖然不能改變，但是妙用、巧用規則卻能大大地幫助我們。猶太商人沒有受限於常理，而是另闢蹊徑，學習運用「逆向思維」，為自己創造更多實質利益。

猶太人是守規矩的商人，但他們總能在不改變規則形式的前提之下，靈活地變通規則爲自己所用。

下面這個故事，就蘊涵著這種智慧。

一個猶太人走進一家紐約的銀行，來到貸款部，大刺刺地坐了下來。

「請問我能幫上您什麼忙嗎？」貸款部經理一邊客氣地詢問，一邊打量著這位一身名牌穿戴的來人。

「我想借錢。」

「好啊！您要借多少？」

「一美元。」

「啊？只需要一美元？」

「沒錯，只借一美元。可以嗎？」

「當然可以，只要有擔保，再多點也無妨。」

「好吧，這些擔保可以嗎？」猶太人說著，從豪華的皮包裡取出一堆股票、債券等等，放在經理的寫字檯上：「總共五十萬美元，夠了吧？」

「當然，當然！不過，您眞的只要借一美元嗎？」

「是的。」說著，猶太人接過了一美元。

「年息爲六%。只要您付出六%的利息，一年之後歸還本息，我們就可以把這些股票還給您。」

「謝謝。」

說完，猶太人就準備離開銀行。銀行總經理一直在旁邊冷眼觀看，怎麼也弄不明白，擁有五十萬美元的人，怎麼會來銀行借一美元。

他匆匆忙忙地趕上前去，對猶太人說：「不好意思，這位先生……」

「有什麼事情嗎？」

「我實在弄不清楚，您擁有五十萬美元，爲什麼只借一美元呢？要是您想借三、四十萬美元的話，我們也會很樂意的……」

「請不必爲我操心。只是我來貴行之前，問過好幾家金庫，他們保險箱的租金都很昂貴。所以，我準備在貴行寄存這些股票。這裡的租金實在太便宜了，一年只需花六美分。」

這是一則笑話，一則只有精明人才想得出來的關於精明人的笑話。

這樣的精明，一般人想學也學不到，因爲單單是盤算上的精明遠遠不夠，首先得必須達到思路上的精明。

按常理，貴重的物品應存放在金庫的保險箱裡，對許多人來說，這是唯一的選擇。但猶太商人沒有受限於常理，而是另闢蹊徑，找到另一個讓證券鎖進銀行保險箱的絕妙辦法。

從可靠、保險的角度來看，兩者確實是沒有多大區別，而且這甚至可能比存放在保險箱更安全，因爲保險箱可能會成爲盜匪覬覦的目標，但當成抵押品放進銀行本身的保險箱卻是絕對安全，即使出問題，還能得到銀行的負責。

規則雖然不能改變，但是妙用、巧用，卻能大大地幫助我們。

不過，至此，猶太商人的思考方式還只是「橫向思維」，怎樣把證券弄進銀行保險箱裡去，讓他們代管而幾乎不用付錢，才眞正用上了「逆向思維」。

一般的情況下，人們之所以進行抵押，大多是爲了借款，並總是希望以盡可能少的抵押物爭取盡可能多的借款。銀行爲了保證貸款的安全或有利，從不允許借款額接近抵押物的實際價値。所以，一般只有關於借款額上限的規定，下限卻不規定。

然而，就是這個細節，激發了猶太人的「逆向思維」，猶太人爲了抵押而借款，借款利息是他不得不付出的「保管費」，既然現在對借款額下限沒有明確的規定，猶太商人當然可以只借一美元，而將「保管費」降低至六美分。

透過這種方式，銀行在一美元借款上幾乎無利可圖，原先可由利息或罰沒抵押物上獲得的抵押物保管費也只區區六美分，純粹成了義務服務，且責任重大。

這個故事本身當然只是個機智趣談，但擁有五十萬美元資產的猶太商人在寄存保管費上精打細算的做法，絕不能只當成笑料一笑置之，而是必須學習運用「逆向思維」，爲自己創造更多實質利益。

只要值得，不惜血本又如何？

承擔風險不是盲目蠻幹，在果敢的行動背後應該有著深謀遠慮的計劃，以及細心的籌劃和安排。唯有智勇雙全，精於計算，因利而動，才能獲取最大利益。

猶太人能夠獲利的關鍵就在於他們敢冒險，並且能夠做出正確的決策，這是生意人應有的商業素質。

知己知彼，善於審時度勢，及時把握市場的動向、消費者的需求，準確地對競爭對手進行判斷，知其力，料其行，才能先發制人，搶佔市場。

懂得充分揚長避短，從長處謀利，善用自己的優勢，在時間速度上要準，在產品設計上要奇，在經營銷售上要巧，使競爭對手難以意料難以模仿，才能迅速回收投資並賺得期望的目標值。

聰明人懂得見機行事，善於操縱商機，緊盯市場上一切有「利」可圖的機會，主動出擊。在具體做法上，或施小利誘對手採取行動，或放棄眼前的小利，使競爭對手做出錯誤決定，從而使自己有大利可圖。

一八九八年五月二十一日，阿曼德．哈默生於美國，他上大學之時，就開始經營父親留下的藥廠事業，成效顯著，因而而成爲當時美國大學生唯一的百萬富翁。

他在一九二一年趕赴蘇聯，成爲貿易代理人，聚集了巨額財富。一九五六年，五十八歲的哈默收購即將倒閉的西方石油公司，成爲世界最大的石油公司創業者。一九七四年，哈默的西方石油公司年收入達到六十億美元。

哈默一生與東西方政界領導人關係密切，聲譽傳遍全球。

經常有人向哈默請教致富的「魔法」，他們堅持認爲哈默發大財靠的不僅是勤奮、精明、機智、謹慎之類才能，一定還有其他的「秘密武器」。

在一次晚會上，有個人湊到哈默跟前請教「發跡的秘訣」。哈默皺皺眉說：

「實際上這沒什麼，只要等待俄國爆發革命就行了。到時候準備好你的棉衣到那裡賣，到了那兒，就到政府各貿易部門轉一圈，又買又賣，這些部門大概不少於二三百個呢！」

聽到這裡，請教者氣憤地嘟噥了幾句，轉身走了。

其實，這正是二十世紀二〇年代，哈默在俄國做生意經驗的精闢總結，其中包含著他的生意興隆與衰落，成功與失敗的種種經歷。

一九二一年的蘇聯，經歷了內戰與災荒，急需救援物資，特別是糧食。

哈默本來可以拿著聽診器，坐在清潔的醫院裡，不愁吃穿地安穩度過一生。但他厭惡這種生活。在他眼裡，似乎那些未被人們了解的地方，才是值得自己去冒險闖蕩的商業戰場。

他做出一般人認爲是發了瘋的抉擇，踏上被西方描繪成地獄般的可怕蘇聯。

當時，蘇聯被內戰、外國軍事干涉和封鎖弄得經濟蕭條，人民生活十分困苦，霍亂、斑疹、傷寒等傳染病和饑荒嚴重地威脅著生命。

列寧領導的蘇維埃政權採取了重大決策——新經濟政策，鼓勵吸引外資，重建蘇聯經濟。但很多西方人士對蘇聯充滿偏見和仇視，把蘇維埃政權看作是可怕的怪物。前往蘇聯經商、投資辦企業，在當時被稱做是「到月球去探險」。

哈默當然也知道這一點，但風險大，利潤必然也大，值得去冒險。

於是，哈默在飽嘗大西洋航行暈船之苦和英國秘密警員糾纏的煩惱之後，終於乘著火車進入蘇聯。

沿途經過所見的景象慘不忍睹，霍亂、傷寒等傳染病流行，城市和鄉村到處可見無人收殮的屍體，專吃腐屍爛肉的飛禽，就在頭頂上盤旋。

哈默痛苦地閉上眼睛，不忍卒睹，但此時商人精明的頭腦告訴他：被災荒困擾著的蘇聯目前最急需的是糧食。他又想到這時美國糧食大豐收，供過於求的結果導致價格慘跌。農民寧可把糧食燒掉，也不願以賤價送到市場上銷售。

蘇聯這裡有的是美國需要的、可以交換糧食的毛皮、白金、綠寶石。如果讓雙方能夠各取所需，豈不兩全其美？

哈默從蘇維埃緊急會議上獲悉蘇聯需要大約一百萬袋的小麥，才能使烏拉山區的饑民度過災荒。眼看機不可失，他立刻向蘇聯官員建議從美國運來糧食換取蘇聯的貨物，雙方很快達成協定。

沒隔多久，哈默成了第一個在蘇聯經營租讓企業的美國人。此後，列寧給他更多特權，讓他成為蘇聯對美貿易的代理商，哈默成為美國福特汽車公司、美國橡膠公司等三十幾家公司在蘇聯的總代理。他的生意越做越大，收益也越來越多，存在莫斯科銀行裡的盧布數額高得驚人。

第一次冒險的成功，使哈默嚐到了豐美的甜頭。從此以後，只要看準目標，認為值得冒險，就會不惜血本主動出擊，這成了哈默經商時最大的特色。

猶太商人有一種理念，就是「只要值得，就去冒險」。因為猶太人素來喜冒險，所以他們得了投機家的名聲。這種在風險中淘金的做法，是猶太商人非常令人折服的一種投資策略。

借貸業就是風險很大的行業，但是，雖然風險高，但從事借貸業的猶太人卻很多。上海猶太商人哈同，就是靠投機和風險賺大錢的典型例子。

哈同逃難到中國後，進入猶太人沙遜開設的洋行工作。當他的手頭比較寬裕後，開始放高利貸。高利貸利滾利，不久之後，哈同已擁有一筆錢，使他能涉足房地產。

一八八三年，中法戰爭全面爆發，國內大亂，上海租界、特別是法國租界內的外國僑民驚恐至極，紛紛向外逃難，上海的地價大跌。

這時，哈同已是沙遜洋行地產部主管，他向老闆建議大批購買地皮，多建些房屋。哈同認爲這種緊張的局勢不會持續太久，上海的市場很快就會重新繁榮，在地價暴跌時大批購買地皮，未來一定會大賺一筆。

老闆聽從了哈同的計策。不久之後，政治動向果如哈同所料，中法戰爭結束，法國殖民地進一步滲入中國領土，不僅使原來遷出租界的人回來，南方各省又有不少人移居上海，進入租界。

隨即，房地產價格暴漲並且居高不下。沙遜洋行獲利五百多萬兩銀元，哈同自己也一躍成爲百萬富翁。

商場上，猶太人可以說是風險投資的始祖，他們既敢賺大錢，也敢於承擔大風險。在他們眼中，風險和巨利成正比，只有敢冒風險才能賺到大錢，這就是猶太經商賺錢的妙法之一。

紐約一個猶太商人勞埃德，就是靠冒險精神獲得財富。

一九三八年三月，德國軍隊越過奧地利邊境，勞埃德趕在希特勒到達維也納之前，帶著家產輾轉逃往倫敦，並於一九四八年創立了「馬爾伯勒高雅藝術陳列室」，主要為英國許多顯赫的家族出售其收藏的藝術珍品。

後來，他改經營現代派的繪畫作品，短短六年就成為現代派美術作品最大的出口代理商，他的買主中，包括教宗保羅六世。

勞埃德對美術作品本身的藝術價值興趣不大，只關心透過作品的買賣能賺多少錢。所以，他採取純商業式交易和職業化的處理，作品大部分都是代售，美術館只在交易結束後收取傭金。

但美術館除了提供場地以外，還提供廣告、推銷、郵寄、保險和運輸等全套服務。所以美術家對勞埃德的服務相當滿意，他們的作品在這裡不僅可以賣到高價，而且不管銷售情況如何，美術館都會給予穩定的生活津貼，乃至於各國的畫家都願意與他們來往。

目前，這家美術館已成爲世界美術界的超級巨頭，它在蘇黎世、羅馬、東京、倫敦、多倫多、蒙特利爾都設有分館，每年的銷售總額爲二千五百萬美元，佔世界美術品市場的五％到十％。

一九六三年，俄國著名畫家、抽象印象派大師羅斯科賣給馬爾伯勒美術館十五幅作品，價格十四．七六萬美元，全部畫款在四年內結清。到一九六九年，羅斯科的作品上漲到每幅二．一萬美元。

這時，勞埃德又與羅斯科簽訂一個協議，商定以一百五十萬美元的價格出售八十七幅作品，接著又以一百四十四．六萬美元，議定出售一百零八幅作品，同時在未來十四年中，不管勞埃德或美術館的經營狀況如何，都會由羅斯柴爾德銀行每年向羅斯科支付十萬美元。

爲此，美術館向該銀行抵押了數量可觀的財產。

這種不顧藝術潮流和美術家創作狀態變化的「賭注」，無疑是極具風險的投資，暫且不論其他，僅勞埃德無所顧忌地將風險帶到美術品市場的行爲，就足以看出猶太美術商獨具一格的眼光和魄力。

現在，所有的企業經營管理者，都面臨著預測市場動向的問題，每一件商品的問世，都是一次風險與機會的抉擇。

要生產就要冒風險，不冒風險就難以抓住機會。但是，承擔風險不是盲目蠻幹，在果敢的行動背後應該有著深謀遠慮的計劃，以及細心的籌劃和安排。唯有智勇雙全，精於計算，因利而動，才能獲取最大利益。

巧用法律條例，致富更容易

在日本自己的眼中，日本的外匯預付制度非常嚴密，但猶太人卻看出它存在著大漏洞。只有受過「專業薰陶」的猶太民族，會表演依法律的形式鑽法規漏洞、倒用法律的高超技巧。

巧用法律規則賺錢，是猶太人外匯買賣的絕活。

作爲「契約之民」的猶太人，會在遵守契約的前提下，憑著自己的智慧和謀略，極爲理性地賺取金錢。

一九七一年八月十六日，美國總統尼克森發表了保護美元的聲明。

精明的猶太金融家和商人立刻意識到，美國政府此舉是針對與美國有著巨大貿易順差的日本。猶太人又從情報中獲悉，美國與日本就此問題曾經過多次談判，一切的跡象顯示日元將要升值。

更令人吃驚的是，這個結論不是在尼克森總統發表聲明之後得到，而是消息發佈的半年前就得出了。

衆多的猶太金融家和商人根據準確的分析結論，在別人尙未覺察之時，展開一場大規模的「賣」錢活動，把大量美元賣給日本。

根據日本財政部調查報告，一九七〇年八月，日本外匯儲備額三十五億美元，一九七〇年十月起，外匯儲備額以每月二億美元的增加速度上升，這與日本出口貿易發展有關。當時日本的收音機、彩色電視機及汽車貿易十分興隆，但美國猶太人已開始漸漸向日本出「賣」美元。

直到一九七一年二月，日本外匯儲備額增加的幅度更大，先是每月增加三億美元，到了五月份竟增加十五億美元。

當時日本政府還被蒙在鼓裡，新聞界還把儲備外匯的迅速增加宣傳爲「日本人勤勞節儉的結果」，似乎日本各界人士尙未都發現這種反常現象來自於美國猶太人「賣」錢到日本。

在尼克森總統發表聲明的一九七一年八月前後，美國猶太人賣美元的活動幾乎到了瘋狂的程度，僅八月份的一個月，日本的外匯儲備額就增加了四十六億美元（日本戰後二十五年間總流入量僅三十五億美元）。

一九七一年八月下旬，也就是尼克森總統發表聲明十天後，日本政府才發現外匯儲備劇增的原因，儘管立刻採取了應對的措施，但一切爲時已晚。

美國猶太人預料的事情發生了——日元大幅度升值。日本此時的外匯儲備，已達到一百二十九億美元。

後來日本金融界估算出，美國猶太人在這段時間可以一美元買到三百六十日元（根據當時匯率）；日元升值後，一美元只能買三百零八日元。也就是說，日本人從美國猶太人手裡每買進一美元，便虧損五十二日元讓猶太人賺取。幾個月的「賣」錢貿易，日本總計虧損六千多億日元，讓美國猶太人獲利。

日本有嚴格的外匯管理制度，但這次大蝕本卻是眞實存在。

美國猶太人如此異常的大舉動，日本人爲何遲遲未曾發覺呢？猶太人又是如何得手的呢？這就在於素有「守法民族」之稱的猶太民族，會依法律的形式鑽法規漏洞、倒用法律的高超技巧。這恐怕也只有受過「專業薰陶」的猶太民族才能表演。

在日本自己的眼中看來，日本的外匯預付制度非常嚴密，但精明的猶太人卻看出它存在著大漏洞。

外匯預付制度是日本政府在戰後針對特別需要所頒佈，根據此項條例，對於已簽訂出口合約的廠商，政府會提前付給外匯以資鼓勵，同時，條例中還有一項規定，即允許解除合約。

猶太人正是利用外匯預付和解除合約這個手法，堂而皇之地將美元賣進了實行封鎖的日本外匯市場。

美國猶太人採取的方法事實上很簡單，他們先與日本出口商簽訂貿易合約，充分利用外匯預付款的規定，將美元折合成日元付給日本商人。這時猶太人還談不上賺錢，他們等待時機，直到日元升值，再以解除合約的方式，讓日本商人再把日元折算成美元還給他們。

這一進一出兩次折算，利用日元升值的差價，便可以穩賺大錢。

從這則「日本人大蝕本」的事例中，不難看出猶太人成功的經營思路在於「倒用」日本的法律，將日本政府爲促進貿易而允許預付款和解除合約的規定，轉爲做一筆虛假的生意。

這樣一來，日本政府只能限於自己的法律規定，眼睜睜地看著猶太人在客觀的形式上，絕對合法地賺取了主觀上絕對不認爲合理的利潤。

瞞天過海揞錢進口袋

要懂得動腦筋，並且願意多花一點時間與力氣，來完成別人不會去做的事情，正因為很少人願意這麼做，所以一旦完成了，就能夠成功獲利。

猶太商人的確精明過人，那些所謂嚴密無隙的法律條文，在他們眼裡，仍然可說是漏洞百出。

瓊尼是美籍猶太商人，在商界打滾三十多年，對經商中的逃稅避稅技巧頗有研究，尤其對美國海關的各項規章制度瞭若指掌。

曾經有一陣子，如果要進口法國女用皮手套，必須繳納高額進口稅，因此這種手套即使在美國這樣消費水準較高的國家，售價仍十分昂貴。瓊尼爲了賺大錢，跑到法國買了一萬副最高級的女用羊皮手套。

但是該如何把這批手套運到美國販售，同時逃避高額進口稅呢？瓊尼費盡心思，苦苦想了幾天，終於想出一計妙策。

他先仔細地把這一萬副手套每副都一分爲二，並將一萬隻左手手套裝成一大箱發往美國，把另一萬隻右手手套存放好。

一九九五年九月，美國海關提貨大廳裡箱包堆積，人來人往，但在牆角躺著一只木箱一直無人過問。這是從法國寄來的一箱貨物，看起來很普通，和其他貨箱沒什麼兩樣，但奇怪的是，這個貨箱直到超過了提貨期限，仍不見貨主來提貨。

根據當時美國海關的規定，凡是超過提貨期限的貨物，海關有權將其視爲無主貨物進行拍賣處理。

一天，海關人員把貨箱打開，裡頭裝的就是瓊尼的進口法國女用皮手套。海關人員感到非常奇怪，他們發現這批手套不僅用料上等，做工精美，而且款式獨特，總計有一萬隻。

當時這麼高級的羊皮手套價格十分昂貴，爲什麼無人領取呢？更令海關人員費解的是，這一萬隻手套竟都是左手的。最後，他們按照慣例，把這一萬隻左手套全部送到拍賣場。

手套被送進拍賣場裡拍賣，但全都是左手的手套，當然乏人問津，於是瓊尼迅速以低價全數收購。

一萬隻左手套被拍賣出去後，海關當局意識到這其中一定另文章。因此，警方秘密下達了指令，嚴加防範可能有一批右手手套運到港口，如有發現單只手套或其他可疑情況，立即上報，這次絕不能讓那個狡猾的進口商得逞。

自從警方下達秘密指令之後，各個港口海關都設立了專案小組負責此案，晝夜二十四小時都有專人值班，對每批貨物進行嚴格檢查，以防疏漏。

一個多月過去了，儘管在此期間也曾遇到幾批裝有手套的貨物，並進行開箱檢查，但結果卻使所有人大失所望。因爲這些手套都是成雙成對的，和那一萬隻左手手套並無關聯。

由於未發現任何可疑跡象，也未再看到那個曾經在拍賣場露過面的得標者，因此，海關人員對上級的密令開始產生懷疑，並對繁瑣的檢查手續感到厭倦。

就在這時，手套的進口商瓊尼又開始行動了。

第一批貨物發出之後，瓊尼料到一定會引起海關警方的注意，因此，故意遲遲不發第二批貨，使兩批貨之間隔一個多月，為的就是麻痹海關警方，使他們產生錯覺，以便日後蒙混過關。

瓊尼為了使第二批貨順利通過海關，採取和第一批貨不同的郵寄方法——改變包裝。他把一萬隻右手手套分別按照大小、顏色、款式，每兩隻裝在一個盒子裡。這些盒子都是原包裝盒，長方形的，裡面用一層塑膠透明紙包著精緻的手套，外觀設計非常漂亮，上面還清楚地標明了生產廠商、註冊商標、統一編號、出廠日期、使用說明等等，看起來完全符合產品的銷售要求。瓊尼一共用了五千個盒子就把一萬隻右手手套全部裝好，然後立即發運美國。

在這段期間，瓊尼考慮到貨物一到目的地，正是銷售手套的大好時機，為了迅速脫手，加快資金的周轉，預先和幾個批發商、零售商分別談妥，使這一萬副手套同時在各地上市。所以，只要等貨物一到，就算大功告成。

事情發展果然一如預料，第二批貨到達美國海關之後，海關人員一看，一個盒子裡裝兩隻手套，就認定是一副，再加上包裝如此精緻美觀，一切手續也都完備，所以一路綠燈放行。

瓊尼得意地取得貨物，只繳納了五千副手套的關稅，再加上第一批貨拍賣時所付的那一小筆錢，就把一萬副手套弄到手。

十月中旬，一批法式高級羊皮手套出現在美國市場，儘管價格並不便宜，但由於做工講究、樣式別緻、尺寸齊全，深受各界女士的青睞，再加上氣候適宜，正是暢銷的最佳時節，因此很快被搶購一空。

瓊尼有觸犯法規嗎？沒有，他只是懂得動腦筋，並且願意多花一點時間與力氣，來完成別人不會去做的事情。

事實上，也正因爲很少人願意這麼做，所以一旦完成了，就能夠成功獲利。

別讓慾望把自己的荷包掏光

慾望是驅使人類進步的動力，但若不加以合理控制，便會成為讓人墜入可怕深淵的兇手。錢必須花在最有意義的地方，做真正有效益的發揮利用，才是財富運用積累的真意。

有一句成語說「慾壑難塡」，所指就是人內心無窮無盡的慾望，尤其是對於金錢的追求或揮霍。

任何人，只要稍不留意，都可能淪爲金錢的奴隸。

猶太人的長處，就在於特別懂得控制這種慾望，他們世世代代都堅持一個原則——不要讓「支出」超過自己的收入，否則必將帶來痛苦。

不要把支出和各種慾望混雜在一起，因爲每個人受到環境與其他因素的影響，都會有無窮無盡的慾望，是窮盡所有收入也無法滿足的，除了學會正確的過濾、克制、排解，別無他法。

而且，慾望會隨著人追求而膨脹、擴張。

賺到更多的錢，就可以滿足所有的慾望了嗎？

答案是否定的。

事實上，只要態度不正確，慾望就沒有完全滿足的一天。每個人的時間有限，精力也有限，能達到的境界或走完的路程更是有限，然而慾望的成長無限，就好像野草，只要找到空地就能生根滋長、繁殖，無論環境是多麼狹窄，條件又是多麼惡劣。

如果有心積累財富，那麼，即便是必要的支出，也應該在明智思考之後盡可能減少，甚至乾脆取消。應當學著把以下這句話當作座右銘——每花掉一塊錢，都要收到百分之百的功效。

把不必要的東西從腦海裡刪除，告訴自己，那些全都是無窮慾望的一部分，對實際生活沒有助益。

猶太教師亞凱德在課堂上講述慾望控制的重要，一名學生站起來說：「我是一個愛好自由的人，享受人生一切事物是我的權利，因此，我不能同意你所提到的預算辦法，因爲它限制了購買事物的金錢數目，使我變成背負重擔的驢子，享受不到半點人生樂趣。」

亞凱德反問：「朋友，是誰決定了預算呢？」

「我自己的開支預算，當然是自己決定。」那位學生說。

「照你所說，難道驢子所馱的錢包裡，會藏著寶石、貴重地毯和大量金條嗎？當然不會的，我們都知道，馱驢的背包中只有稻草、五穀和在沙漠旅行時必需的水袋罷了，不是價值貴重的東西。」

「預算的用途，不在壓迫你的生活，而是要幫助你發財，首先獲得一切必需品，緊接著達成內心的願望。唯有制定預算與計劃，才可以使你摒棄不正確的慾望，從而實現眞正渴求的想望。」

「可以說，預算計劃就好像黑洞中的明燈，可以照亮你的眼睛，使你看清黑洞周遭的眞正情況，以及錢包中的漏洞。你將可以及時縫補，並知道自身狀況，有效控制支出，把有限的金錢用在正當的事物與投資上，而不至於後悔。」

雖然有人說，慾望是驅使人類進步的動力，但若不加以合理控制，便會成爲讓人墜入可怕深淵的兇手。

不是不可以花錢，但必須花在最有意義的地方，做眞正有效益的發揮利用，這才是財富運用與積累的眞意。

7

將市場需求滿足，當然致富

因為夠積極，所以能夠擺脫原有的惡劣限制，克服先天不足，從困厄中奮起；因為夠精明，能夠看出尚未被他人發現的市場真正需求，並透過適時加以滿足，得到擋不住的驚人財富。

精明就是成功致富的開始

資金與背景不能真正決定一個人的成就與財富高低，唯有頭腦可以。成功致富之路，就從「精明」開始。

你喜歡金錢嗎？希望成爲有錢人嗎？

相信商場上的絕大多數人，對於這個問題，都會給予肯定答案——是的，確實喜歡金錢，更期望自己能成爲有錢人。

事實上，善用金錢，可以爲自己帶來許多好處。

美國知名作家泰勒．希克斯曾明白地於著作中指出，在以下幾個方面，擁有充足金錢會比手頭拮据更好：娛樂、教育、旅遊、醫療、退休後的經濟保障、交際。除此以外，金錢還能提供許多好處，例如讓人有更強的自信心、更自在地享受生活、更充分地展現自我、於工作領域激發出更好的成績，並且擁有從事公益事業的機會。

另外，文明的發展史也表明，不論處於哪一類型社會或哪一個時代，金錢都非常重要，可以讓人們藉以從事更多有價值的活動。學者亞當斯密的經濟理論便表示，人們創造並積累個人財富同時，也在對他人和社會做出貢獻。

生活水準會隨著社會的發展不斷提高，我們都意識到金錢不是萬能，但又必須承認，沒有金錢萬萬不能。

爲了確保自身生存，爭取應得權益以及自我發展的機會，每個人都得有一定的財產作後盾。看看自己的生活吧！無論房子、家具、電器、服裝，全都得用金錢購買，別無其他途徑。沒有錢，很快便會面臨生存危機。

另一方面，人們享受生活的慾望是無止盡的，即便得到期盼已久的東西，例如一棟房子、一輛轎車，仍會被其他更好、更新鮮的事物勾起自身慾望，引發下一輪的追求。而一切都必須以金錢爲媒介，才能取得。

理所當然，你必須讓自己成爲有錢人。

確定這個目標之後，很快便會面臨另一個問題：如何成爲有錢人？

想要學得「搶錢」妙招，最快也最有效的方法，就是研究那些有錢人，剖析他們的成功，找出他們有錢的原因，從中歸納可以師法的妙招。

爲什麼資本不足、屢遭挫折的希爾頓得以成爲旅館業大亨，掌有遍佈世界各地的旅館，久居龍頭？

爲什麼洛克菲勒能從沒沒無名崛起，一舉創建規模驚人的「托辣斯」，打造出規模與利益同樣驚人的石油帝國？

可以肯定，答案絕不僅止於「運氣」。

放眼商場，由於競爭激烈、變化迅速且殘酷，往往令人措手不及，無數有志經營者都敗下陣來。但我們也知道，無論景氣如何惡劣、悲觀，仍有人成功走出一條發跡致富的路。

究竟是什麼樣的關鍵差異，導致截然不同的結果？

探究所有致富者獲勝的原因，答案只有一個——即便他們各有不同專長、發跡於不同領域，經歷過不同挑戰，但只要能站上成功的彼岸，必定都具備且推崇同一項特質，就是「精明」。

資金與背景不能眞正決定一個人的成就與財富高低，唯有頭腦可以。

因此，已經立定志向要賺進大把鈔票、成爲有錢人的你，請先從猶太人的「精明」學習起。

成功致富之路，就從「精明」開始。

將市場需求滿足，當然致富

是什麼條件決定了誰能成為掌握金錢的主人，而誰又只能屈居被金錢玩弄的奴僕？說穿了，就在夠不夠精明，懂不懂得積極地把握時機。

追求財富絕對不是一件壞事，因爲金錢能幫助我們提高各方面品質，過自己想過的生活，追求自己渴望的東西，要求自己站在一個更宏觀的角度來看，還可以使社會繁榮、國力提升。

當然，對財富的追求，必須在一定的道德與法律規範以內。只要不超越界線，對財富的喜愛與積累都是天經地義，不應該用有色眼光看待。

勵志作家奧里森．馬登在七歲那年失去雙親，不得不獨自一人尋找棲身之所，日子過得相當辛苦。長大以後，他在偶然機會讀到和自己有類似背景的作家斯瑪爾斯的《自己拯救自己》，大受鼓舞，當下便立定志向，決心擺脫陰影，朝著成爲有錢人的目標邁進。

在一八九三年經濟蕭條到來前，馬登已經成功開了四家旅館，但他把這四家旅館託給別人管理，自己則埋頭創作。他決心寫出一本像《自己拯救自己》那樣的勵志書，以激勵更多後輩勇敢擺脫困境，追求成功與財富。

但就在全心投入寫書工作後不久，命運便開了他一個天大的玩笑——兩家旅館在一八九三年的經濟大蕭條中被燒成灰燼，連即將完成的書稿也付之一炬，半點不留。可以說，他失去了所有的有形資產。

從孤兒變成有錢人，又從有錢人淪落爲窮光蛋，一般人經歷這樣的磨難，必然感到灰心喪志，馬登卻不然。

他用積極心態與精明頭腦審視自己所處環境，想知道究竟是什麼因素引發經濟蕭條，並很快得到結論：恐慌觸發了經濟蕭條，而許多知名企業的破產與美元貶值，則是引爆危機的導火線。

經濟恐慌還在惡化，股票市場很快地崩潰，高達一百五十六家鐵路公司和五百六十七家銀行與信貸公司因此關門，失業人口高達數百萬，再加上乾旱造成的農業減產，使美國社會處於前所未有的混亂。

即便大衆都因爲心靈恐慌與經濟損失而陷入低谷，仍有人能憑精明的頭腦發現逆境中的轉機，那就是眞正的成功致富者。

馬登意識到自己應該想辦法改善現下困窘的經濟處境，同時也設法讓整個國家和同胞從陰影中站起來。幾經考慮，他做出一個重要決定：抓緊時機，重新提筆撰寫另一本書，而座右銘是「每個危機都是重大的機遇」。

爲此，他說：「在某一些時刻，得有一些懷著積極的心態的人去幫助這個國家，而現在就是時候了。」

他在一個簡陋的馬廄裡振筆疾書，每週只能用少少的一塊半美元維持最基本生活開銷。一八九三年底，《向前挺進》正式和讀者見面了。

由於正好切合時代潮流與大衆需要，彌補了人心的徬徨缺口，這本書一問世就大受讀者喜愛，不僅馬上成爲各級公立學校的教科書，也在各大企業、商店的領導人、職員口中傳頌，被奉爲激勵人心的最佳讀物。此後還被譯成二十五種不同語言，銷售至世界各地。

想當然爾，馬登因此再次獲得龐大的財富。

回顧馬登的奮鬥史，從貧民躍升爲富豪，且賺回一度失去的財產的過程，在在都彰顯出一個道理：想要成爲有錢人，不夠積極不行，不夠精明更不行。因爲夠積極，所以能夠擺脫原有的惡劣限制，克服先天不足，從困厄中奮起；因爲夠精明，能夠看出尚未被他人發現的市場眞正需求，並透過適時加以滿足，得到擋都擋不住的驚人財富。

是什麼條件決定了誰能成爲掌握金錢的主人，而誰又只能屈居被金錢玩弄的奴僕？說穿了，就在夠不夠精明，懂不懂得積極地把握時機。

堅持目標是成功的必要

以熱忱態度為主，精明思慮為輔，做事前擬定清楚目標與詳細計劃，確定了方向，就算與別人格格不入也堅持走下去，這就是旅館業鉅子康拉德．希爾頓致富的最主要原因。

爲什麼同樣在商場上經營，有些人可以成功崛起，成爲呼風喚雨、富甲一方的有錢人，有些人卻落得失敗下場，不得不黯然退出呢？

正是態度與方法的正確與否，決定了結果的差異。

猶太人能把機會抓住，進一步將大把大把鈔票賺進口袋的原因，往往就在於懂得將精明的眼光與熱忱積極的態度結合在一起。

熱忱態度不僅僅是成功的訣竅，更可以有效鞭策一個人，從以往渾渾噩噩的生活中奮起，爲實現理想努力。

被稱爲旅館業大王的康拉德・希爾頓，因爲爲人極富熱忱，後來成爲一位聲名顯赫的人物。

居於龍頭地位的他，提出的口號是「以國際貿易與旅遊促進世界和平」，最爲強調的一項原則，便是將每一間旅館都建立得有如「迷你美國的代表」，成爲國際間散佈和平的使者。

回顧希爾頓的起家故事，可以發現他有相當精準、銳利的眼光，而在經營過程中，更是時時展現出自身過人的精明。

希爾頓首家自力經營的旅館，是位在德州一家叫做莫布雷的旅館，那時候的他不過才三十一歲，相當年輕。

沒有顯赫身家背景的希爾頓，一八八七年出生於新墨西哥州的聖安東尼，長大離鄉後，做過工友、辦事員、商人、礦山投資者與種植員等各式各樣工作，也曾經投身於政治，卻始終不太順利，無法得到很好的發展。

最後，他不得不返回新墨西哥州的故鄉。

按他當時的設想，是希望自己能迅速振作起來，然後前往石油業正興盛的德州大展才幹。

於是，他將家產變賣，加上多年來的積蓄，湊足五千美元，獨自抵達了德州。出乎意料，原本他計劃往銀行業發展，後來卻買下一家叫做莫布雷的小旅館，開始了旅館經營的第一步。

希爾頓所秉持的經營原則並不複雜，可以歸納爲以下三點：

一、對所從事的事業抱有強烈企圖心與熱情。

二、對旅館業的現況與前景都有清楚的認識，能夠以清醒且精明的眼光和頭腦評估全局，不至於盲目跟從。

三、不僅想出許多吸引顧客的好方法，還將旅館業當作不動產業來經營。如果鄰近地區有旅館倒閉，他便以較低的價錢買下來，裝修一番，納入旗下。等到經營好轉，累積一定信譽之後，再轉手賣出去，價格當然就能翻上幾翻，達到當初買入的數倍，因此儲蓄額得以不斷成長擴大。

他寧可負債都要盡可能買入更多旅館，或者透過銀行、個人資本家借款的方式拉進股東，種種特立獨行的做法常令同行感到困惑，但從最後的結果來看，他確實是一位擁有精明頭腦的天才。

希爾頓的旅館規模越來越大，連鎖的範圍越來越廣，迄今為止，希爾頓的旅館王國仍持續存在且穩健成長，成為業界名副其實的「世界第一」。

拓展出如此龐大的事業版圖並不是容易的事情，希爾頓是怎麼做到的呢？按照他自己的說法，其實很簡單，就是「堅持」。

人一定要有熱情，否則無法成就任何事，更不可能奢望成為有錢人。憑著熱情驅動，更為了實現心中的夢想，希爾頓不顧一切地拚命努力。

當然，除此之外，超越時代的先見之明以及敏銳的觀察力更不可或缺，而將這兩種特質結合在一起，就是所謂「精明」。

希爾頓曾多次強調「目標」的重要性，對此，他說：「要弄清楚事情優先順序的關鍵，就在於釐清以下觀念：『動手做這件事，能否幫助我實現人生中某些重要的目標呢？』」

以熱忱態度爲主，精明思慮爲輔，做事前擬定清楚目標與詳細計劃，確定了方向，就算與別人格格不入也堅持走下去，這就是旅館業鉅子康拉德．希爾頓成功致富的最主要原因。

從經驗中摸出經營方法

經驗的寶貴，在於指引出對錯，聰明人會吸取自己與他人的每一分經驗，從中找出避免重蹈覆轍的方法，及所欠缺的「保險箱密碼」。

一位年輕且成功的銷售經理曾寫道：「我時常有一種所有人都會有的感覺，覺得自己正站在一個保險箱前面，除了某個數字之外，已經掌握了打開這個保險箱密碼的所有數字。只要得到剩下的最後一個數字，就能打開這個保險箱的門，擁有裡面所有的財富。」

因爲深明這個道理，所以這位經理人年紀輕輕就擁有了高額的年薪。

貧窮和富裕的差別，或許就在於是否應用了一個簡單的原理——從經驗摸索出眞正的生財之道。

拉汶的親身經歷最能證明這一點。

拉汶最初不過是個推銷員，專門推銷化妝品，但是後來經由個人的努力，終於獲得了成功，開創出一番事業。

在起步階段時，拉汶與其他白手起家的人沒有什麼兩樣，面臨著種種問題。拉汶的妻子愛麗絲和他是一對黃金搭檔，一對理想的經營夥伴，協調地共同工作著。他們不但親自製作化妝品，同時還擔任其他幾間公司的推銷員。兩人日以繼夜地工作，因爲自身缺乏足夠的資本。

他們不斷地充實自己，隨著事業蒸蒸日上，終於開創了自己的事業，成功走上了致富之路。這條致富之路，就是生產或出售一種產品，或提供一種服務，然後把省下來的每一分錢繼續投資、擴大、再生產。

由於「需要」，刺激他們不斷地研究、思考和計劃，使得一分錢能發揮超過一元的作用。他們從工作中爭取到最大的收益，堅決杜絕一丁點的浪費。拉汶與致勃勃地不斷打破舊的業績紀錄、創立新的業績高峰，銷售額自然逐月逐月地上升，最終，成爲這行的專家。

不少人都感慨地說，拉汶是一位能多走些路的人，他在自己的事業中，透過多走些路，多累積自己的人脈，改善了往後的人生軌跡，走上了成功之路，並聞名於世。有兩件事例，最能說明這點：

第一，拉汶的投資人爲他介紹了銀行的三位主要顧客，他們曾投資一家化妝品公司，但由於自身的專業知識有限，需要一位專精於此行的專家來指導協助這方面的工作。拉汶敏銳地抓住時機，幫助了三位巨頭，也爲自己打響了名聲。

第二，他曾幫助過洛杉磯一間雜貨店的顧客，對方爲了答謝他，便透露了一個商業機密：「生產高級美髮膏的V5公司可能要出售了。」

那家公司已有十五年的歷史，而且生產高級產品，知名度非常高，簡直是個千載難逢的機會。

拉汶立即展開行動，當天晚上，他就與那間公司的主管展開洽淡，而且進展得非常順利。按照慣例，買賣雙方如果互不認識，洽談常需花費幾週或好幾個月的時間，才能取得一致的意見。

當然也有例外，只要買方或賣方具有良好的性格和通情達理的態度，多半能消除不必要的拖延，大大縮短磋商的時間。而拉汶正具有這兩種難得的性格，因而在極短的時間內就確定了協定。

對方爽快地答應以四十萬美元的價格把公司出售，可是四十萬美元對拉汶而言，簡直就是個天文數字，他該怎麼籌措呢？

那天夜裡，他彷彿看到富裕的大門正對自己慢慢地打開了，但就是缺乏必要的條件——資金。

第二天一早，他一醒來，「立即行動」的警句浮現心頭，促使他再度採取行動，以實行新計劃。

他想起之前銀行家介紹的三位主顧，他們也許能給自己一些正確的意見和建議，於是立即打電話給他們。

拉汶的判斷又對了，這三個富有投資經驗的人，確實都擁有成功的投資公式，內容大致可歸納爲以下幾點：

- 鞏固現有的業務。
- 把全部精力集中在一間公司。
- 五年之後，這間公司必須按一定比例分期償還貸款。
- 無論發生什麼變動，以現行利率付息。
- 以公司二十五%的股票作為鼓勵獎金。

按照這種辦法，拉汶得到了銀行四十萬元的借款，並買下V5公司，不久後，V5美髮膏就風靡了美國和許多國家。

對化妝品製造業者而言，每年十二月份是一年中銷售最差的月份，不過拉汶的公司卻是個例外。拉汶和愛麗絲接管那家化妝品公司的一年半後，那年十二月的營業額達到高峰，高達五十七萬美元。這麼高的營業額令同行大爲吃驚，不能不說是個驚人的奇蹟。

拉汶夫婦找到了他們失去的數字，他們用這個數字打開了保險箱的大門，獲得了裡面的財富。在他們收購了V5美髮膏公司後，僅三年時間，公司的資產就增加了一百多萬美元。

拉汶成功的秘訣可歸納爲以下數點：

1.一種產品或服務可以被重複地生產、再出售或提供。

2.一間公司要具有獨家生產優良產品且獲利的能力。

3.優秀的人才，能使公司得最大的利潤。

4.找來精明能幹的營業經理，採用最有效的銷售公式、最好的銷售方法，不斷增加銷售額。

5.雇用具備積極進取心態的優秀銷售人員。

6.要有熟悉成本計算和所得稅法的會計人員。

7.有一位優秀律師，協助準確圓滿地處理好各種與法律相關的事情。

8.累積足夠的資本，適時地開創並擴展已有的業務。

經驗的寶貴，在於指引出對錯，聰明人會吸取自己與他人的每一分經驗，從中找出避免重蹈覆轍的方法，及所欠缺的「保險箱密碼」。

養成好習慣，致富不難

養成儲蓄的好習慣後，不僅所賺的錢都能妥善地保存起來，還會得到更廣泛的賺錢機會，你的觀察力、自信心、想像力也會因此而逐漸增加，當然，也就能邁向成功了。

儲蓄，對任何人來說，都是獲得成功的基本條件之一。

人的個性都是由習慣塑造而來的，我們知道，任何習慣都得在重複某件事情若干次後才逐漸形成，一旦形成後，就等同擁有讓人不自覺地採取行動的魔力。

好比你每天上班都走同一條路線，那麼不久後，已成爲習慣的意識就會自然地引導你走這條路。有趣的是，即便在出發前就決定要走另一條路，但假如不時時刻刻提醒自己，不知不覺地，又會回到原來的路線上。

由此可見，習慣對人的影響非常大，它潛伏在腦海裡，影響我們的一舉一動。如果養成了儲蓄的習慣，就能對生活造成意想不到的影響。

看看以下的例子，就知道儲蓄能帶給我們多大的好處。

•儲蓄讓人才更不平凡

曾有位成功的經理人說：「在這物慾橫流的世界裡，每個人就如一粒隨時都可能被風吹得無影無蹤的沙子，除非能夠躲在用金錢築起的高牆後。」

應當每個月把固定的金額存進銀行，就算不多也無妨，重點是必須堅持下去，這樣你很快就能體會到存錢的樂趣。

此外，「花錢」的壞習慣必須用「儲蓄」的好習慣取代，這樣才能爭取到經濟上的獨立，長此以往，想擁有可觀的財富也不是夢想。

即便對天才來說，因天賦擁有許多成功的機會，但實際上，假若沒有金錢幫助施展，那麼所謂的天才也只是徒被埋沒。

例如愛迪生，他是世界上最受人敬仰的發明家之一，但如果他沒有節儉的習慣、沒有高明的存錢技巧，那麼必定沒有錢來實現他的理想，世界上就會少一位天才發明家，而很多物品都不會出現。

成功者一定善於儲蓄，因爲如果不儲蓄，那些只有透過錢才能獲得的機會就會白白地溜走，同時也難以應付急需用錢的危急場合。

●儲蓄是抓住成功機會的籌碼

一位來自賓州的青年在一家印刷廠裡工作，每週都存款五元，三年後，他的帳戶中已有了九百元。

這時，印刷廠突然遇到財務危機，眼看就要關閉，這名年輕人馬上把儲蓄的九百元投入，也因而得到一半的股份。

他擁有股權後，特別制定了節儉制度，在他的帶領下，這家工廠終於將所有債務都償還清。後來，他憑著在公司擁有的一半股分，每年都可以分到二萬五千多元的紅利。

另外，像亨利．福特在汽車公司成立之初，急需大筆資金支援自己的事業，因此向有幾千、幾萬元存款的朋友借錢，這些朋友都慷慨解囊，幫他渡過了難關，他們後來也因此得到了幾百萬元的高額回報。

還有，原本是簿記員的洛克菲勒想從事石油事業時，社會大衆普遍還不清楚石油事業的發展前景，但由於儲蓄習慣讓他有一筆數目可觀的資金，因而絕大多數人相信他能對所借的資金負責，所以沒多久時間，就籌措到了數百萬美元的創業資金，也因而造就出日後一則則的石油傳奇。

以上這些人，都是透過儲蓄這個好習慣而獲得成功的。由此可知，若能培養儲蓄的習慣，必會帶給自己較多的成功機會。

同理，若是你沒有積蓄，便不容易搏得他人的信任。

一位在芝加哥某家印刷廠就職的員工，想自己開一家印刷廠，於是他懷著利用貸款買一部印刷機的願望，去拜會一家材料供應店的老闆。

一見面，老闆就問他：「你有存款嗎？」

這個員工平常沒有儲蓄的習慣，因而手邊完全沒有存款，材料供應商得知，自然也不放心提供更多印刷機器設備給他，這個機會就這樣告吹了。

雖然任何地方都有機會，但往往只有那些手中有存款或有儲蓄習慣的人才能抓住，不僅如此，這些人還知道該怎樣去利用金錢。

因此，銀行家摩根才會說：「我願意貸款一百萬元給一個品德優良且有存款習慣的人，也不願把一千元貸給只會消費而不會儲蓄的人。」

•經濟獨立才有自由

如果你的腦中有儲蓄的觀念，那就已經開始走上經濟獨立的階段了。沒有養成儲蓄習慣的人，終生都無法擺脫勞苦，這是多麼可悲的一件事啊！但許多人卻都以這種方式生活著。

擁有獨立的經濟地位，才有眞正的自由！

「自由」是人生中最寶貴的東西，假如你在經濟上無法獨立，怎能談得上眞正的自由呢？

如果每週都被迫要去固定的地方工作，直到做不動爲止，生活將感受不到樂趣，就某種意義而言，和蹲監獄差不多，因爲不能自由支配自己的行動。

因此，若想從這種無期徒刑中解放出來，便需要好好地養成存款的習慣。無論剛開始儲蓄的時候多麼困難，都一定要堅持下去，因爲要想擺脫不利的局面，除此之外別無他法。

事實上，養成存錢的習慣並不會限制你賺錢的能力，相反的，養成儲蓄的好習慣之後，不僅所賺的錢都可以妥善地保存起來，還會更進一步提供給你更廣泛的賺錢機會。你的觀察力、自信心、想像力會因此逐漸增加，當然，也就能邁向致富成功了。

獲得信賴，才能善用借貸

想在商場上獲得成功，就要懂得如何利用借貸，或者說懂得如何利用他人的錢來達到自己的目標。而想得到銀行的信賴、得到他人的借款，要培養好的品德，更要守信。

有一些事物是開啓成功之門的鑰匙，一旦你擁有它，就可以輕鬆地打開成功之門；反之，如果你缺乏其中一些東西，便絕對無法打開。

充裕的資金或信貸就是打開商業之門的重要鑰匙，借用他人資金則是使人迅速致富的重要手段。

小仲馬在《金錢問題》中說：「商業就是借別人的資金為自己做事，沒什麼大不了。」

是的，成功的確不複雜，就是利用別人的金錢，實現自己的目標。

在商場上，借貸不是什麼丟臉的事，許多著名的大企業家在一開始創業時，都得靠借貸的幫助，只是他們懂得如何用借來的小錢賺得大錢。

《給青年商人的忠告》一書中，對於「利用他人資金」做了如下結論：「生產和再生產是金錢的本質用途，金錢能生產更多的金錢，而它的產物又能生產金錢。」

「一元看來微不足道，正因為這樣，它才容易在不知不覺中被浪費掉。不過，有良好信用的人，就能夠把一元累積到一百元。」

在當今社會，這個忠告依然有它重要的價值，根據這個忠告，你可以逐漸自己的資本。希爾頓就做到了這點，因爲他是重信用的人。

希爾頓能在大機場附近修建了許多豪華並附有停車場的飯店，都是靠數百萬元的借貸來實現，因爲他守信用的名聲就是最好的擔保。因此，要想事業有成，除了善用別人的錢外，品德問題也至關重要。事業成功是和誠實、正直、守信等特質緊密聯繫在一起的。

威廉·立格遜是一位守信且誠實的人，他在著作中闡述了怎樣充分利用自己的業餘時間，利用他人的錢賺錢。《怎樣利用我的業餘時間，把一千美元變成三百萬美元》一書中，他這樣寫道：「如果你告訴我一位百萬富翁的名字，我就能夠告訴你一位相應的大貸款者。」

他以亨利·凱撒、亨利·福特和華特·迪士尼作爲例證，此外，憑借貸致富的還有查理·塞姆斯、康得拉·希爾頓等人。這些成功者在利用他人資金時都達到以下原則：行動合乎正直、誠實和守信的道德標準，因爲他們知道，這些道德標準將貫穿整個事業。

其中，美國人查理·賽姆斯，正是憑著利用他人的資金和方案，再加上自己的積極努力、主動精神和勇氣，成爲百萬富翁。

查理·塞姆斯出生於德州，十九歲時，他除了平時省下的一點錢和微薄的工資外，並沒有其他多餘的財產，但仍強迫自己每週六都去一家固定的銀行存款，因而使銀行的一名經理對他產生了濃厚的興趣，認爲這個年輕人是個品德好、能力強，又深知金錢價值的人。

因此，日後查理決定獨自做棉花生意時，順利從這個銀行借到了錢。

成了棉花商的半年後，查理又成爲騾馬商。成爲騾馬商人後，有兩人到他那裡求職，他們在保險推銷方面已有了好名聲，前來找查理的原因，是他們從失敗中總結出了一個教訓。

事情原來是這樣的：兩人當保險推銷員時，成功地賣出多筆保險，累積了一定的經濟基礎，因而合資開了一家保險公司。只是，儘管他們推銷保險的能力很出色，卻缺乏管理才能，使公司一直處在虧本狀態，最後只得草草結束。

透過這次失敗的經驗，他們領悟到相信僅僅依靠銷售就能成功，是一種極端錯誤的觀點，不當經營管理的賠錢速度通常比賺錢的速度快得多，而他們的失敗之處就在於不能勝任管理工作。

他們其中一人對查理說：「我們的推銷能力是出類拔萃的，因此這項專長應該堅持下去。」然後，他又說：「查理，你豐富的經營知識是我們所不具備的，如果彼此合作的話，肯定會成功。」

於是他們結成了同盟，幾年後，這家保險公司的全部股票都歸查理帳下。

他是怎樣實現的呢？毫無疑問，當然是透過貸款。

查理爲人正直、辦事穩妥、又知道怎樣將計劃落實，這種人格特質恰好是銀行家所欣賞的。正是因爲利用了信貸制度，他才能在短短十年的時間，把自己的營業收入從四十萬提升到四千萬以上。而查理成功的原因，就是能巧妙利用別人的資金，並且不失時機地發展自己的事業。

另一個例子裡，美國人史東以貸款買下了一間公司，而這間公司的身價高達一百六十萬美元。講述這次經過，他說：「那年年末，我就開始認眞思考，決定把成立一家保險公司作爲重要目標，並打算同時在幾個州開展業務。我把下一年的十二月三十一日作爲實現這一目標的截止期限。」

「眼下，我需要什麼、實現目標的期限都清楚了，卻不知道該怎樣去實現，但這不是最重要的，因爲我堅信自己能找到一個好的解決辦法。所以，我想目前我最需要的是一間公司，我要用它來完成兩個短期目標：一是獲得出售事故和人壽保險單的營業執照；二是被允許在各州同時開展業務。當然，還需要資金，但那個問題我可以解決。」

「認清了自己的處境後，我想，首先應告訴外界我現在需要什麼，從而得到幫助。當想購買的公司出現時，我自然會聽取他的建議，保持雙方的協商，直至圓滿達成交易。」

「我開始爲實現目標而努力工作，但很快十個月過去，一直沒有找到中意的公司。在十月的一個週六，我查看了一下工作進度，發現除了最重要的一項，其他都已經完成了。我鼓勵自己說，雖然只剩兩個月時間，但一定會有辦法，因爲我有自信能達到目標。」

「奇蹟在兩天後發生了，電話鈴在我工作時急切地響了起來。『喂，史東嗎？我是吉伯遜。』對方很著急地說：『我告訴你一個好消息，賓夕法尼亞意外保險公司的債務，將由馬里蘭州巴爾的摩商業信託公司承擔，前者是後者的子公司，後者將在巴爾的摩召開董事會，前者的保險業務則已轉給信託公司的另兩家保險公司了。意外保險公司的副總經理，名叫瓦爾海姆。』」

「我又隨便問了其他幾個問題，並向吉伯遜表達了謝意。我知道如果自己能訂出一項比商業信託公司更好的計劃，就有可能說服那些董事改變主意，問題是我並不認識瓦爾海姆經理，不知道直接打電話給他是否太過冒失。」

「然後，我想起了一句諺語：『假如一件事失敗後沒有什麼損失，成功後卻可以為你帶來巨大的收益，那麼千萬別猶豫，立即去做。』」

「在電話裡，我立即被允許在第二天與瓦爾海姆和他的助手見面。那天下午，我們會面了，我發現我的需要可以在賓夕法尼亞意外保險公司實現，因爲它不僅有營業執照，還可以在三十五個州展開業務。」

「『這一百六十萬美元的債務，你要怎樣處理呢？』見面之後，瓦爾海姆問道。」

「『我能替你們貸到一百六十萬美元。』我回答說。」

「接著，我又說：『你在不損失任何金錢的前提下獲得一切，實在是太幸運了，除了我以外，誰還能提供這麼好的抵押品呢？』」

「『可是這筆貸款你要怎麼償還？』瓦爾海姆問。」

「『請不要擔心，我在六十天內就能還清了。反正在其他三十五個州從事的保險業務不得超過五十萬美元，我接手公司後，會把資本和餘款從一百六十萬減到五十萬美元，剩下的資金就能償還貸款了。』」

「他又問：『那其餘的五十萬元呢？』」

「我回答說：『這也不成問題，目前你這家公司的大部分資產都可以利用。我可以從我在銀行工作的朋友那借五十萬美元，以這個公司作爲擔保。』」

「談妥後，這筆交易在下午五點鐘就達成了。」

要想在商場上獲得成功，就要懂得如何利用借貸，或者說要懂得如何利用他人的錢來協助自己達到目標。而要想得到銀行的信賴、得到他人的借款，就要拿出好的品德，更要守信。讓自己受人信賴，是成功致富的好途徑

8

創意決定生命力

創意的好壞決定了一間公司的命運和前途，要想讓自己的創意擁有旺盛的生命力，就要從獨特的角度出發，才可能衝破困境，悠游在廣闊的空間裡。

機會再小，也要試一試才知道

有人說，嘗試那萬分之一的機會是傻子的行徑，比買獎券得獎的希望還渺茫。這是不正確的，因為抓住萬分之一的機會，你就能靠自己的努力獲得成功。

你一定見過溪流中隨波逐流的落葉，它們有的匆匆而過，不久就看不見了；有的則靠近河岸，緩緩地漂流著，然後被捲入了漩渦中；有的則緩緩地漂到靜水處，一動也不動。

人類的生命歷程就如同溪流中的落葉，有的在原地打轉，有的則會順流而下。乘著流水，或許會在岸邊慢慢漂流，好幾年才移動一點點，甚至完全靜止不動；也或許隨波逐流、聽天由命，讓風向與流水來決定最終命運。

不過，你也能自己決定前途和命運，不是老待在靜止不動的水域裡，也不是任隨流水擺佈，而是藉著激流，奮力向前方游去，探尋更大的發展空間。

這話說起來很容易，眞要做似乎就很難了。雖然急流處確實是風光無限，但是能游到哪裡去？你也許沒有把握。於是你會不斷地猶豫不定，煩惱著是要在原地等待，還是該勇往直前？

每個人在一生中都會碰到游或不游的問題，對於那些信心滿滿的人來說，他們必會毅然向激流處游去，因爲明白只要願意冒險，必定可以學到新的經驗。但是對於那些懦弱、保守的人而言，他們寧願躲在原本安全的地方，眼巴巴地望著別人乘急流往前直奔。與前一類人相較，這種人雖然會少受一點傷，但他們的人生多半平淡無奇、索然乏味，當然也就不可能有所成就，更不可能成爲有錢人。

成功者都是選擇奮勇向前的人，約翰．甘布士就是一位勇於冒險、善於冒險，且最終乘著急流邁向成功之門的勇者。

約翰．甘布士是美國旦維爾地區的百貨業鉅子，每回講述自己的經歷，總根本就不當一回事，因爲在他眼中，只要抓住了機會，成功其實非常簡單。

他曾經這麼說：「你不應該放棄任何一個機會，哪怕它只有萬分之一的可能性，也要勇敢去嘗試。」

約翰．甘布士與衆不同的成功經歷，證明了抓住機會的重要。

約翰．甘布士還只是一家紡織工廠的小員工時，旦維爾地區面臨了嚴重的經濟不景氣，不少工廠和商店都倒閉了，廠方因而被迫賤價拋售堆積如山的存貨，價錢甚至低到一美金可以買到一百雙襪子。

面對如此令人擔憂的經濟形勢，甘布士卻胸有成竹地採取和別人完全不同的策略，把自己所有的積蓄都拿出來收購低價貨物和一間間倒閉的工廠。

人們見到他這樣做，當然都嘲笑他是個大笨蛋，連妻子都勸他不要買那些廉價拋售的貨物，因爲積蓄有限，如果將來賣不出這些貨品，下場必定很悽慘。

甘布士對別人的嘲笑置之不理，依舊按自己的想法收購倒閉的工廠和拋售的物品，並租了一間很大的貨倉儲貨。他甚至還笑著安慰妻子說：「三個月後，我們就能靠這些廉價買入的貨物和工廠賺大錢了。」

但是在當下，甘布士的話看起來根本無法兌現。經濟情況越來越糟糕，甚至連賤價拋售也找不到買主，廠方在不得已之下，甚至將賣不掉的物品燒掉，以穩定市場上的物價。

妻子看到別人已經開始在焚燒貨物了，感到更加焦急不安，也不斷抱怨甘布士的決定。可是，甘布士依舊自信地說：「是時候了，再過一段時間，物價必定會回穩，並再次攀升。」

日後狀況演變果然不出甘布士所料，妻子對他精準的眼光欽佩不已。

後來，甘布士便用賺得的錢開設了五家百貨商店，生意都非常好，在經過不懈的努力後，成了全美舉足輕重的商業鉅子。

他在寫給青年的一封公開信中，誠懇地說道：「親愛的朋友，我認為你們應該重視所有的機會，哪怕只是萬分之一的機會，也要好好珍惜它，因為它可能會為你帶來意想不到的成功。有人說，嘗試那萬分之一的機會是傻子的行徑，比買獎券得獎的希望還渺茫。這是不正確的，因為獎券是由別人主導，與你自身的努力毫無關係，可是抓住這萬分之一的機會，你就能靠自己的努力去獲得成功。」

進一步來看，要想抓住這萬分之一的機會，還必須具備以下兩個條件：

• 要有長遠的目光：目光短淺是無法獲得成功的，你不能只看見一片樹葉，卻忽略了整片森林。

• 要堅持不懈：若沒有持之以恒的毅力和百折不撓的精神，即便抓住了機會，也必定無濟於事。

如果你具備了這兩個條件，又有自信能精明地把握住任何機會，必定能在商業活動中有所成就，還能獲得萬貫的財富。

事業與機會是緊密相連的，抓住時機並牢牢把握，再把它轉化成現實的財富，正是成功人士的明智做法。

商業活動中，時機把握的準確度決定你是否有所成就，更決定了你的成敗。因此，要緊緊抓住每一個機會，就算成功機率僅有萬分之一，也要好好珍惜，因爲那可能正是改變一生的關鍵。

「秀」創意，助你得到生意

創意是經營者成功致富的捷徑，企業家之間的競爭常常會在這點上分出勝負，換句話說，商海茫茫，唯有那些獨具創意，有開拓意識的舵手，才能抵達成功的彼岸。

全世界因創新而成功的人不勝枚舉，伊夫．洛列就是個很好的例子。

伊夫．洛列是一位法國美容品製造師，在一次記者會上，他深有感觸地說：「我能有今天，全多虧了卡內基先生，在他的課中我得到了一個領悟：創新的確是一種美麗的奇蹟！」

伊夫．洛列從一九六〇年開始生產美容品，到一九八五年，已在全世界擁有九百六十家分店。他的生意非常好，不但多次得到美容和護膚產品的銷售冠軍，還能和法國最大的「萊雅」化妝品公司抗衡、競爭。

而他所有的成功，都來自於自身的創新精神。

一九五八年，伊夫·洛列意外從一位年老的女醫師那裡得到了專門治療痔瘡的特效藥膏秘方，這個秘方引起了他濃厚的興趣，於是便依據藥方研製出一種植物香脂，並挨家挨戶地推銷這種新型產品。

有一天，洛列忽然靈機一動，他想，爲何不在女性雜誌上刊登介紹商品的廣告呢？如果在廣告上另附有商品郵購的優惠單，或許會更有促銷效果！

這一大膽嘗試果然使他獲得了意想不到的成功，就在朋友們還在爲他所付出的鉅額廣告費惴惴不安時，產品已在巴黎開始熱賣。原以爲會石沉大海的廣告費用，與由此獲得的利潤相比，簡直是九牛一毛。

當時，用植物和花卉製造的美容用品在人們看來毫無前途可言，幾乎無人願意於這一領域投入大量資金，洛列卻反其道而行，並對此充滿信心。

一九六〇年，洛列研製的美容霜開始小量生產，具有創新意識的郵購銷售方式又再次讓他獲得了成功。很短的時間內，透過各種營銷方式，順利地銷售出多達七十多萬瓶的美容用品。如果說洛列利用植物製造美容品是一項大膽的嘗試，採取郵購的銷售方式更是他的一項創舉。在今天，郵購商品早就褪流行了，但在當時，確實是特立獨行的方法。

一九六九年，洛列創辦了第一家工廠，並在繁華的巴黎奧斯曼大街上開設商店，開始自產自銷美容用品。

他對每一位職員說：「我們的每一位女顧客都是皇后，應該像服侍王后般地對待她。」正是爲了貫徹這個宗旨，才首創出郵購的營銷方式。

郵購的手續並不複雜，顧客只需將地址塡妥，就可以加入「洛列美容俱樂部」，並且會在很短的時間內收到樣品、產品價目表和說明書。這種銷售方式對那些工作繁忙沒時間逛街購物的女士來說，相當方便。

郵購業務總量幾乎占了全部訂單的五十％，全世界透過郵寄方式從俱樂部訂購產品的婦女，高達六億人次。洛列公司每年都會收到八千餘封的信函，其中有些提出了建議，有的甚至寄來使用前後的對比照片，公司的回覆函裡也常常告訴使用者：美容霜並非萬能，規律的生活才是最佳的化妝品。顧客和公司間便建立了固定的聯繫，此外公司還把八百萬名女顧客的個人資訊輸入電腦，在她們的生日或重要節日到來時，爲她們送上小禮品以示祝賀。

到了現在，洛列公司的產品已增至四百餘種，同時在全球擁有八百萬名忠實的女顧客。伊夫·洛列在付出艱辛和勞苦後，終於抓住了成功的契機。

化妝品市場的競爭非常激烈，稍有不慎，便會被無情地淘汰出局。伊夫·洛列憑著不同於大衆的產品——植物花卉美容品，使化妝品普級化、大衆化，進而滿足各個不同階層顧客的需求，因此能夠在商場立於不敗。

洛列的成功經驗告訴我們：如果你想在短時間裡致富，那麼，請不要混在擁擠的人群中，去另闢一條捷徑吧！

創意就是經營者成功致富的捷徑，企業家之間的競爭常常會在這點上分出勝負。換句話說，商海茫茫，唯有那些獨具創意、頭腦精明、有開拓意識的舵手，才能抵達成功的彼岸。

把握無意中產生的想法

機遇只喜歡光顧勤於思考、善於觀察的人，所以別小看生活中的瑣事，更別輕視無意間產生的想法，因為那很可能就是使你一夕致富、成名的重大機會。

「機遇加上實力等於成功」，這可以說是千古不變的定律。只是，機遇是可遇而不可求的，一旦出現就要緊緊抓住，否則必定與成功失之交臂，徒留遺憾。

現實生活中有許多小事，它們很有可能會誘發我們的靈感，進而創造出成功的機會。安全刀片大王吉列的成功，就是一個很好的例子。

發明刀片之前，吉列是一家瓶蓋公司的推銷員。在擔任推銷員的二十年中，他始終過著縮衣節食的日子，並將節省下來的錢全花在發明研究中，但是二十年過去了，他仍然一事無成。

一九八五年，吉列前往保斯頓市出差，提前一天買了火車票。第二天，他起床稍遲了一會兒，只好匆忙洗漱、趕緊刮鬍子，這時，旅館的服務員急急忙忙地跑進來說：「先生，還有五分鐘火車就要開了！」

吉列一聽，緊張得手直發抖，不小心用力過猛，刮傷了嘴。

這件瑣事促使吉列開始思考：「要是能發明一種不容易刮傷皮膚的刀子，那該多好啊！那一定會大受歡迎的。」

於是他開始著手進行這項研究，經過千萬次的試驗，終於發明了安全刀片。直到現在，大多數人仍在使用這種安全刀片，吉列也因此成了安全刀片大王。

事實上，許多便利生活的發明都來自日常瑣事，鉛筆上頭附帶橡皮擦的發明便正是如此。

在美國佛羅里達州，有一個名叫津蒲曼的窮畫家，他的畫具非常簡單，只有橡皮擦和一枝已經削得很短的鉛筆。

有一天，津蒲曼正在畫畫，想要修改卻找不到橡皮擦，而好不容易花了一段時間找到橡皮擦後，卻又發現鉛筆不見了，只好又開始尋找鉛筆。這些事白白浪費掉他許多時間，為防止同樣的情況再度發生，他乾脆把橡皮擦綁在鉛筆的尾端，只是不太好用，不一會兒橡皮擦就掉了。

後來他想出了一個好辦法，用一小塊薄鐵片把橡皮擦和鉛筆包在一起，果然相當管用，爲作畫帶來了很大的方便。

之後，他爲這項小發明申請了專利，並將專利賣給一家鉛筆公司，因此得到了五十五萬美元的報酬，大大改善了自己的生活條件。

類似的例子還有很多，溜冰鞋的發明也是其中一例。

溜冰鞋的發明者札克住在紐約，原本是當地一名普通公務員，整日碌碌無爲，唯一的愛好就是溜冰。

每逢冬天，寒冷的紐約到處都會結冰，只要一有空，札克就會到戶外去溜冰，他對此有一種近乎瘋狂的熱情。

但是有個問題，每逢夏天冰開始融化，他就不能再溜冰，雖然當時紐約有室內溜冰場，但是得花錢才可以進入。對非常喜愛溜冰的札克來說，偶爾去溜冰場溜冰根本無法滿足，加上作為一個普通公務員，收入又非常有限，無法負擔經常去室內溜冰場。不能溜冰，他感到生活非常無聊。

有一天，他腦海中突然產生了一個念頭：「若在鞋子底下安裝輪子，就能夠代替冰刀了，如此一來，即便是普通的平坦路面，也能當作溜冰場。」

經過幾個月的準備後，他與朋友合作開了一家製造滑輪鞋的小工廠。令他難以置信的事情發生了——新產品剛投入市場就受到人們普遍的歡迎，並逐漸擴大銷售範圍，最終成為十分暢銷的商品，札克自己也從一個小小的公務員變成了百萬富翁。

其實，不只是日常瑣事，有時不小心犯下的失誤也可能為你帶來成功的機遇，風靡全球的可口可樂的發明就是如此。

尊本伯特本來是一個藥劑師，住在大西洋城。他苦心研究出了一種用來治療頭痛、頭暈的糖漿，按配方把藥配好之後，吩咐助手用水沖化，製成糖漿。沒想到他的助手由於粗心，不小心將蘇打水當作白開水倒入了配方中，結果一倒進去，「糖漿」就冒出氣泡來。

這下可把助手嚇壞了，他非常擔心這會被老闆發現，便決定把它喝光。

他先試喝了一小口，試著嚐了嚐味道，感覺其實還不錯，接著又喝了幾口，越喝越覺得好喝，於是可口可樂就這麼誕生了，且一推出就廣受大眾歡迎，成爲聞名於世的暢銷飲料。

以上這些事實證明，機遇對於一個成功者來說，至關重要，但不是每個人都會遇到，因爲它只喜歡光顧那些勤於思考、善於觀察的人。

對生活多加留神吧！別小看生活中的瑣事，更別輕視那些無意間產生的想法，因爲那很可能就是使你一夕致富、成名的重大機會。

抓住機遇，就能讓金錢與成功屬於自己。

有了靈感，行動更要果敢

每一個靈感就是新的構想，抓住了它就可以成功。驚人的創意與偉大的發明往往都來自生活中一個小小的體驗，成功者能從中擷取出創意與靈感，並且付諸行動。

面對腦中一閃而逝的靈感，你是否懂得把握？

一九四七年二月，拍立得公司的總經理蘭德爲女兒拍照，女兒焦急又興奮地問他何時可以看到照片。

這句話激發了蘭德的靈感，他想，爲什麼必須等上好幾個小時、甚至是幾天的時間，才能看到照片呢？當場洗出來不是很好嗎？

如果這種想法可以實現，將是照相歷史上的一次革命。但是要實現之前，必須先克服一項困難：要在一、兩分鐘內把底片沖洗好，就必須適應零度C到十一度C的溫度，用乾燥的方法沖洗底片。

蘭德立刻投入研究工作中，他的工作速度快得驚人，居然在短短半年內就把基本的問題解決了。很多人對此都難以置信，連蘭德本人也不能解釋自己的發明過程。不過，他相信人與動物的基本區別，就在於人有創造能力。

創造能力是人類與生俱來的能力，只是有些人能發覺到這一點並加以發揮，有些人不行而已。

蘭德說：「當我快要找到一個問題的答案，就會專心工作較長一段時間。因為潛意識容納了這麼多可變因素與可能性，絕對不能被打斷。一旦被打斷，或許得花上一年的時間才可能重建原先六十分鐘內的收穫。」

蘭德只有幾位助手，幾乎都畢業於史密斯學院，而且沒有受過正規的科學訓練，但他們都很聰明。

助手當中，有一位名叫密蘿．摩絲，是普林斯頓群大學一位數學教授的女兒，專門研究六十秒照相術，後來也成為拍立得黑白底片研究部門的主任，在底片研發方面有很多傑出的貢獻。

一九四七年，六十秒相機成功地製造了出來，接下來的工作便是如何將這項新商品儘快地推向市場。

爲此，蘭德聘請了哈佛大學商業學院的市場專家研討推銷政策。經過認眞詳細的商討後，他們最終決定採用一般的銷售方式，並請來在當時享有極高聲望的推銷員何拉．布茨。

何拉．布茨對蘭德的照相機很感興趣，一開始就傾注了滿腔熱情。他的銷售才華相當出衆，不僅爲拍立得打響了名氣，還在一九四八年正式加入拍立得公司，成爲它的副董事長之一。

事實上，何拉．布茨並未花多少廣告費，也沒有依靠任何推銷組織，就將照相機賣了出去。

他和推銷部主任羅勃曼在全國各個大城市各選一家大型百貨公司，並給予對方三十天的專賣期，而交換條件是百貨公司要在報紙上大做廣告，拍立得公司只是從旁協助。

蘭德照相機首次上市的時間是一九四八年十一月二十六日，地點在波士頓的一家大型百貨公司，產品一上市便引發大肆搶購的熱潮，最後甚至連沒有配件的展示樣品也賣出去了。

而在邁阿密，布茨採用獨樹一幟的推銷方法，將相機賣給前來邁阿密度假的富人。這些人大部分來自美國各地，等結束度假回去後，他們無疑就成了蘭德相機的優秀宣傳員。

此外，他們還僱用許多妙齡少女與救生員，讓他們在泳池或海灘附近使用蘭德照相機照相，並將照片贈送給遊客。這種推銷方式也獲得了極大的迴響，幾個星期之後，邁阿密的蘭德相機便被搶購一空。

推銷活動就像狂風般席捲了全國各個城市，拍立得公司在一九四九年創下了高達六百六十八萬美元的銷售紀錄，其中有五百萬美元來自新相機和軟片。

不過，蘭德並未就此滿足，之後他仍不斷研發各種新型相機，還製造出口袋型相機，這項新產品也爲公司帶來了極大的利潤。

以上這個例子證明了一個道理：每一個靈感就是新的構想，如果抓住了它，你就可以成功；相反的，若輕易讓它溜走，恐怕終生都與成功無緣。

驚人的創意與偉大的發明往往都來自生活中一個小小的體驗，而成功者之所以成功，是因爲能從體驗中擷取出創意與靈感，並且付諸行動。

打破舊思維，與時代接軌

對環境變化時時保持警覺並自覺地進行改革，是企業成功的法寶。一個組織需要不斷補充新鮮的血液，要是僅依靠內部的運作，很容易停滯不前、缺乏生機和活力。

「創新必勝，保守必敗」，這是千古不變的眞理，J・C・彭尼公司的成功便是最好的證明。

彭尼的雜貨店以經營服裝爲主，在一九三〇年代就擁有一千五百家分店，但到了五〇年代，美國人口逐漸向大城市及近郊遷移，大衆日趨信賴使用信用卡消費，並希望能在一家商店買齊所有需要的商品。潮流在轉變，彭尼公司卻仍墨守成規，堅持採用現付現買的經營方式，因而在競爭對手面前敗下陣來。

直到最後，一位主管人員冒著被解僱的危險，越級遞交了一份批評性的報告，高層才如夢初醒，意識到這四十年來，一貫堅持的路線和方針已是弊端重重，於是進行大刀闊斧的改革，才造就了後來的成功。

來看看彭尼是如何從成功到面臨危機，然後扭轉危機，邁向另一高峰。

一九〇二年春天的一個早上，吉姆．彭尼的雜貨店開張了，它位在懷俄明州西南角的邊境城鎮內，主人為它取名叫「黃金法則」。名字的出處是父親根據聖經戒律對他的告誡：「你怎樣待別人，別人就會怎樣待你。」

吉姆於是用此為名，來勉勵自己。

開業前，這個年輕人在全鎮發了大量的傳單。開幕當天，他的店直到了午夜時分才停止營業，銷售額完全超出想像。就這樣辛勤地努力了一年，彭尼的年營業額居然達到兩萬八千多美元。

在他之前，生意主要是由一家礦業公司控制，它所屬的商店在這個小鎮裡始終處於壟斷的地位，大多數業務是以賒銷或公司給發禮券的方式成交。

但彭尼的商店不設這兩項服務，他能提供給顧客的，就只有擺在架子上的商品。另外，彭尼也對店面進行個性化的設計，把所有的商品都擺在櫃檯上，既可以看見，又可以摸到，而且還提供退貨服務，如果顧客對買回去的商品不滿意，可以如數退回並取回貨款。

後來的銷售業績證明，彭尼貼心的服務較得顧客們的心，也成功打敗原本獨霸小鎮市場的礦業公司。

彭尼並不滿足於只開一家店，他想要多開設一些分店。一九一〇年，他將公司由「黃金法則」更改爲「J．C．彭尼」，這時旗下的連鎖商店已發展到二十六家之多，分佈在西郊的六個區。

他依舊保持著以前的老傳統，提供顧客們貨眞價實的商品，以及盡可能低廉的價格，而且堅持只用現金交易的政策，也不對商店做額外的裝修，所以儘管售價低廉，仍可獲利。

這些分店所座落的地點也是成功的一大法寶，它們全設在小城鎮中，因爲小鎮不像大城市那樣充滿激烈的競爭，更有利於彭尼公司的穩固發展。

透過以上幾種方法，僅用了短短三十年的時間，彭尼就把分店數量擴充到了一千五百家。

即使獲得了如此巨大的成就，並且在美國中部奠定了穩固的基礎，但到了五〇年代，由於社會不斷進步發展，彭尼公司內部還是出現了一些狀況。

當時主要競爭對手是西爾斯公司，一個不斷進取且具高效率的大型企業，彭尼公司將自家的銷售額與對方比較後，發現竟差了一大截。

仔細分析原因後才得知，由於合夥人所持的保守態度，導致彭尼公司在二次戰後的二十年間，仍因循著創業時的傳統，依舊遵守「一手交錢，一手交貨」的原則，沒有根據城市市場的崛起做出必要的調整或轉移。

長期以來，產品種類的多樣化及更新速度都被耽擱了。直到六〇年代，彭尼公司仍只侷限在紡織品和服裝經營上，家用電器、家具、汽車零件等領域則從未涉及，但這些商品早已成爲西爾斯公司經營範圍的一部分。

另外還有一個問題，大多數的彭尼商店都位在人口較少的小地方，這點對的業績也有不小的影響。

由以上種種可看出，更新、調整對彭尼公司而言非常必要。雖然公司的存亡還沒受到嚴重的威脅，但它的銷售額不斷減低，因而不變不行。但要想對長久以來根深蒂固的狀況進行改變，顯然必須付出艱辛的努力。

一九五七年，彭尼公司一位總經理助理──威廉・M・巴滕寫了一份報告給董事會，對保守、陳舊的經營理念提出忠告，震驚了高層，對公司後來的發展產生了深遠且巨大的影響。

報告提出：進入五〇年代後，大城市裡的人們平均收入已顯著提高，因此消費品不僅僅要能滿足日常生活必需，還必須考慮到「時髦」這個因素，但這正好是彭尼公司最缺少的。

另外，在報告的開頭，威廉還設計了一個幾乎完全電腦化的系統。原本彭尼公司用的手工操作信貸業務，需要建立三十七個中心來爲全部的商店服務，但在使用了這個電腦系統後，只要保留十四個地區性的信貸辦公室就行了。

威廉的分析令董事們恍然大悟，了解自家公司的缺陷與不足之處，並立即著手進行改革與調整工作。

一九六二年，彭尼所有分店都提供了信貸業務，一九六四年，便已從五百多萬個帳戶中獲得高達六億美元的收入。

除此之外，彭尼公司開闢了多樣化的經營領域，它邁出的第一步，就是經營高價的婦女服裝、家具和皮革製品。一九六二年，它進一步推出耐用消費品，而其他一些多樣化的經營，諸如藥房、超級市場等，也在不斷建設執行，多樣化經營真正走上了正軌。

彭尼公司完全摒棄了保守的政策，轉而以充滿生機的姿態昂首向前，快速邁進。尤其在其後的十五年，彭尼公司的發展更是銳不可擋，展現出和西爾斯公司並駕齊驅的態勢。

一個企業如果沒有新鮮的血液補充，會產生怎樣消極的影響？特別是針對它的領導階層。要是沒有新鮮的思維，甚至沒有外部人員的「破壞性」影響，創新必將無法實現。

一個企業若要進行改革，首先該做的就是對外界的發展趨勢進行瞭解，並得出正確的認識。就這點來講，找出一個負責長期計劃的人員將有助於管理，並提供進行改革時需要瞭解的資訊。

事實上，只要隨時對本行中的經濟情勢保持高度警覺，那麼任何人都能輕易地發現環境的變化。例如信貸業務日益普及，早在彭尼公司成立初始，便有公司開展了這一業務，但彭尼的腳步卻慢了他人一大截。

爲什麼身在高位的人對此視若無睹呢？

原因其實很簡單，這些人被習慣的方法蒙住了眼睛，必須當發生某種情況令他們確切感到震動時，才會突然醒悟。由此可見，對環境變化時時保持警覺並自覺地進行改革，是企業成功的法寶。

彭尼公司的例子使我們明白，一個傑出的組織需要不斷補充新鮮的血液，若僅僅依靠內部自身的運作，很容易使企業停滯不前、缺乏生機和活力。

當然，這並不意謂大部分的重要管理職位都要由外人擔任，因爲這麼做也會影響基層員工的士氣。因此可以採行一種折衷的辦法，即一方面從組織內部提拔優秀人才擔任公司的領導者，另一方面，又從外部招募一些有能力的人加入組織，並使他們充分發揮才能和經驗。

透過這些新、舊領導者的竭誠合作，自然能碰撞出創新的火花，從而爲公司帶來更大的利益。

從彭尼公司的例子，也讓我們了解一個道理：打破舊思維，才能時刻抓住最新、有利的機會。想要成爲有錢人，必須擁有精明的腦袋。

超越自己是成功的原動力

從商人到演員直到天王巨星，再從天王巨星到企業家再到食品大王，保羅．紐曼的人生之路告訴我們，要不斷超越自我，迎接挑戰，才能把自己的潛力發揮到最大。

自我超越是成功的動力，只有不斷超越自己，才能挖掘出生命本有的潛能，實現人生的夢想。

食品大王保羅．紐曼的發跡故事，就是成功者超越自己，打破舊有生活狀態的最好例證。

保羅．紐曼是美國著名的影星，有傑出的表演才能和先天強健體魄，是銀幕上的偶像。他主演了許多影片，每一部片子都獲得觀眾好評。

他曾五次被提名爲奧斯卡金像獎最佳男主角，到一九八七年六十歲時的第六次提名，終於榮獲奧斯卡最佳男主角，圓了自己四十年的夢。

此外，他還是出色的導演，由於在電影上的過人成就贏得了聲譽和財富，使他成爲一位富有的藝術家。

保羅·紐曼是出生在美國的猶太人，父親是一位小商人，母親喜歡音樂、藝術。保羅·紐曼在大學畢業後，留在父親的商店工作，後來也成爲老闆。但他不滿足於日復一日的商場生活，於是在不解和懷疑的目光中，毅然賣掉了雜貨店，一心一意投入多彩的演藝界，開始從事自己喜歡的表演工作。

一九八七年，因爲在《金錢本色》中的成功表演獲頒奧斯卡獎。

保羅·紐曼從商人到藝人的出色跨越，使他在新的領域內贏得更大的成功，也開掘了自己在表演上的無窮天賦。

但是，保羅·紐曼的超越永遠沒有完結。一九八二年，一個偶然的機會下，他接觸到了一種新的食品，這種新玩意是拌麵條用的醬汁，味道非常好。曾經是商人的他看到了其中蘊藏的商機，於是與朋友合作，投資數十萬美元加以開發，並成立了「保羅．紐曼食品公司」。

就這樣，他又開始了從藝人到企業家的第二度自我超越，最後，他被譽爲美國的「食品大王」。

從商人到演員直到天王巨星，再從天王巨星到企業家再到食品大王，保羅．紐曼的人生之路告訴我們，要不斷超越自我，不斷讓自己在新的生活和環境中去迎接挑戰，才能保持生命不滅的創造力，把自己的潛力發揮到最大。

唯其如此，我們才能獲得一次又一次的成功，一圓發財致富夢。

創意決定生命力

創意的好壞決定了一間公司的命運和前途，要想讓自己的創意擁有旺盛的生命力，就要從獨特的角度出發，才可能衝破困境，悠游在廣闊的空間裡。

全球聞名的設計大師皮爾．卡登能夠獲得輝煌的成功，與他的創新精神有很大的關係。

皮爾．卡登第一次展出設計作品時，佈置得就像一場葬禮，觀衆紛紛指責，結果顧主聯合會把他除名了。但是過沒多久，當皮爾．卡登再次返回這個組織時，地位卻大大地提高了，因爲他從大學裡聘請時裝模特兒，使人們直接瞭解他的服裝，從而確保了成功位。

一九五九年，皮爾．卡登異想天開地舉行了一次別開生面的借貸產銷，這一行爲使他遭到失敗，且服裝業公會深感震驚，再次將他開除。可是三、四年之後，他又一次東山再起，再次被這個組織聘爲主席。

幾經起落，皮爾．卡登的產業規模越來越大，不僅設計童裝、男裝、皮包、鞋子和帽子，而且還生產一些配飾，並大力向國外擴張，首先在歐洲、美洲和日本獲得經營許可。

一九六八年時，他又轉向家具設計，後來又涉足於烹飪，並且成爲世界上首位擁有自己的銀行的時裝家。

「卡登帝國」從服裝起家，三十年來一直是法國時裝界的尖兵。一九八三年，他在巴黎舉行了「活的雕塑」表演，展示了三十年來所設計的婦女時裝，雖然那些服裝都是二、三十年前的作品了，仍極有生命力，並沒有落伍的感覺。

他在經營時裝業的同時，還向別的行業擴展。一九八一年，皮爾．卡登以一百五十萬美元從一個英國人手中買下了馬克西姆餐廳，立刻震驚了全巴黎。

這家坐落在巴黎協和廣場的餐廳已有九十年的歷史，當時瀕臨破產，前景非常暗淡，很多人對他這一舉動非常不理解，大家都懷疑這位服裝奇才是否眞有魔力使這家餐館東山再起。

過了三年，馬克西姆餐廳居然眞的重放異彩，不但恢復了往日的盛景，還在紐約、東京、新加坡、里約熱內盧、北京等地開設分店，以馬克西姆爲商標的各種美味食品，成爲全球各地家庭餐桌上的佳餚。

皮爾·卡登終於實現了他的諾言：「執法蘭西兩大文明的牛耳——烹飪以及時裝，並走向世界。」

數十多年來，皮爾·卡登的事業不斷地擴充發展，目前旗下企業遍佈全球，僅法國就有十七家，並在全世界一百一十多個國家設有分店與工廠，統計全球共有八百四十個代理商、十八萬名員工在爲他生產「卡登牌」或「馬克西姆牌」產品，全年營業額高達一百億法郎。

皮爾·卡登的時裝勇於突破傳統，富有時代感，更因充滿青春氣息而聞名於世。他曾因勇於創新而被同行排擠出巴黎時裝協會，卻沒有停止追求創新的步伐，反而更加速了事業的發展。

他的設計別具一格、獨樹一幟，從質料的選用到款式的設計，無不引領著新時代的潮流。一九六〇年代末期，他設計出一款女式秋季服裝，因樣式新、質料柔軟、作工精緻，被巴黎的時髦女士和年輕太太們搶購一空。

他的設計刻意追求標新立異，因而在法國時裝界刮起了一陣「卡登革命」的旋風，是同行所不及。

銷售方面，皮爾．卡登實行多角度、全方位戰略，從高樓大廈到小小的領帶夾都使用自己的名字做商標，涵蓋時裝、打火機、手錶、地毯、相框、汽車……幾乎所有用以美化生活的商品都在皮爾．卡登的經營範圍之內。這種營銷方式使企業走向了全方位、流動式的發展道路，成果十分卓著。

皮爾．卡登認爲成功的關鍵就是創新，不僅經營需要創新，管理更是如此。

美國的麥考密克公司曾碰到近乎倒閉的危機，公司的創始人W．麥考密克是個性格豪爽的經營者，但因爲管理方式逐漸不合時代的要求，所以公司越來越不景氣，以至陷入了困境。

就在此時，他突然因急病而亡，總裁的職位由外甥C．麥考密克繼承。這位新領導者一上任，立即果斷採取加薪、縮短工時等措施，員工們對他的這些舉措都表示非常感謝，因此士氣大振、上下一心，一年內就轉虧爲盈了。

麥考密克公司前後兩位領導者採取了截然不同的態度：前者減薪，使員工產生強烈的不滿和抵制情緒；後者則透過加薪振奮士氣，激發了員工的積極性、上進心，結果差異可想而知。

由此可見，想法的好壞決定了一間公司的命運和前途。

要想讓自己的創意擁有旺盛的生命力，就要從獨特的角度出發，才可能衝破困境，悠游在廣闊的空間裡。

有間專門生產毛料曾的紡織廠，因品管出現問題，成品上居然有許多白色小斑點，於是只能積壓在倉庫中。這時廠裡的設計人員突發奇想：既然到了這種地步，倒不如設法把這些瑕疵變成裝飾吧！他們刻意將小斑點變大，結果成爲一種名叫「雪花飄」的新質料，還成了搶手貨。

日本有一家體育用品公司，也曾採取過違反常規的營銷方式。他們聘請一些非專業人員設計鞋子，因爲這些人的觀念不受設計鞋子的各種框架限制，可以盡可能地發揮自己的想像力。結果，一位足球教練竟設計出當時風靡一時的「散步鞋」，爲公司帶來了豐厚的利潤。

以上例子，皆是運用逆向思維而取得成功。這種思考方式的好處在於不受常識或常規的束縛，能把人的想像力和創造力盡可能地發揮出來，從而成爲全新的創意。善用逆向思考，將會爲生活帶來意想不到的收穫。

9

像算計金錢一樣算計時間

重視時間其實有另一個積極意義，就是抓緊每一分每一秒，爭取競爭的主動權，精明地搶得商機與金錢。想要精明賺大錢，必先學會對時間精打細算。

靠別人的失敗發財

失敗和成功都各有它獨特的價值，善於在別人失敗的地方獲得成功，更是高人一等。能夠分析出他人失敗的原因，想出補救的方法，找出「一箭之計」，自然就能獲得成功。

雖然我們都已了解機會與成功的關聯性有非常大，也了解要盡最大的努力去抓住轉瞬即逝的機會，當個精明的有錢人，但令人苦惱的是：獲得成功的機會究竟在哪裡呢？又該怎麼做，才能抓住稍縱即逝的機會？

事實上，機會是無所不在的，可儘管如此，並不代表只需等待，機會就會自動降臨。我們常說的「見縫插針」，便是抓住機會的重要方法。

「見縫插針」，就是儘量利用一切機會採取行動，進而達到預期的目的。如果把「縫」視爲機會，「見縫」就意味著要善於尋找機會、捕捉機會，然後不失時機地「插針」，以充分利用，實現自己的夢想。

商業領域中，「見縫插針」一直是精明能幹的商人們所信奉的成功之道。企業家在錯綜複雜的生產經營活動裡，常會碰到各式各樣的困難，但若因此半途而廢，必會使自己的事業前功盡棄。相反的，要是能勇敢面對困難，努力堅持下去，就等同把握了成功的機會。

大家都明白「爲山九仞，功虧一簣」的道理，要堆九仞高的山，就差一筐土而無法完成，確實是件令人遺憾的事。但你可能不知道，這「一簣之虧」卻常常爲眞正的智者帶來「一簣之計」。

換句話說，別人「一簣之虧」的地方，可能正是你獲取成功的所在。所謂抓住機會，往往是匡正並挽救他人的失誤，從而使自己獲得成功。別人的失敗之處，或許正是你的成功之道。對於一個想建功立業的人來說，必須要有堅定的決心，能夠努力不懈、鍥而不捨，不僅要不害怕失敗，還要懂得利用他人的失敗，如此才算是將成功握在手裡。

阿曼德．哈默的發跡就是個很好的例子。

阿曼德．哈默於一八九八年出生在美國紐約的布朗克斯，是俄國猶太人的後裔，祖輩曾以造船爲生，後來因經濟拮据，在一八七五年移居美國。哈默的父親是個醫生，兼做醫藥買賣。

哈默是家中三兄弟中個性最放蕩不羈，也最富有創造精神的一個。

一九二一年八月，哈默經過漫長的旅途之後，風塵僕僕地抵達莫斯科，觀察到這個國家雖然地大物博、資源豐富，可是人們卻餓著肚子。哈默想，蘇聯爲什麼不出口各種礦產去換糧食應急呢？因此，他直接向列寧提出這項建議，並迅速得到列寧的肯定答覆。

之後，哈默很快就取得在西伯利亞地區開採石棉礦的許可證，並成爲十月革命後第一個獲准在蘇聯開採礦產的外國人。一段美國與蘇聯間的貿易活動就這樣展開了，哈默透過後來在莫斯科建立的美國聯合公司，使三十多家美國公司與蘇聯展開生意上的往來。

日後，一個偶然的發現，又使哈默產生了在蘇聯蓋鉛筆工廠的想法。

有一次，哈默走進一家文具店想買枝鉛筆，卻發現店裡只有賣售價高達二十六美分的德國貨，而且數量有限，但同樣的鉛筆在美國一枝只賣三美分。

於是，哈默拿著鉛筆，去見當時蘇聯主管工業的人民委員克拉辛，對他說：「政府已經制訂了普及教育的政策，讓公民都有讀書和寫字的權利，但沒有鉛筆怎麼讀書寫字，提升人民的水準？我希望能獲得生產鉛筆的執照。」

克拉辛答應了他的要求，哈默便用高薪從德國聘來專業技術人員，並從荷蘭購入機器設備，在莫斯科辦起鉛筆廠。

這間鉛筆工廠經營得非常成功，一九二六年，工廠所生產的鉛筆不僅能滿足蘇聯全國的需要，而且還遠銷到土耳其、英國、中國等十幾個國家，哈默也從中賺得數百萬美元利潤。

一九三〇年代，哈默從蘇聯返回美國，當時美國正面臨有史以來最嚴重的經濟危機，因而所有企業都在爲存活掙扎，但哈默卻在尋找新的機會和市場。

富蘭克林．羅斯福在競選活動中提出一整套重振經濟的計劃，哈默判斷只要羅斯福能當選總統，一九一九年通過的禁酒令必然會被廢除，全國的產酒量必會提高，酒桶的需求量也將大大增加，但目前市場上卻沒有足夠數量庫存。

想到這點，他立即從蘇聯訂購了幾船製造酒桶的木材原料，並在紐澤西州建了一座現代化的酒桶製造廠。果然，羅斯福當選美國總統後，很快廢除了禁酒令，這時哈默所生產的酒桶正好上市，迅速被各酒商以高價搶購一空。

另一方面，自從在一九五六年接管經營不善而搖搖欲墜的西方石油公司後，哈默開始熱衷於石油開採事業。

當時，一家名叫德士古的石油公司曾在舊金山以東的河谷尋找過天然氣，儘管鑽頭已經鑽到五千六百英尺，仍然看不到天然氣的影子，德士古石油公司的決策者認爲這個專案耗資太多，就算再鑽下去也不會有結果，因而匆匆結束探勘工作，並宣判此井「死刑」。

哈默得知這個消息後，欣喜若狂，立即派遣有關專家做實地考察，在那些已經被宣判「死刑」的枯井上重新架起鑽油機。

令人驚訝的是，工作小組在原有基礎上繼續鑽深三千英尺後，竟然眞發現了天然氣的存在。

後來，哈默又得知埃索石油公司在利比亞扔下不少廢井，於是又帶著大隊人馬前往非洲，並以「將十五%的利潤供給利比亞發展農業和尋找水源」作爲投資條件，租借了兩塊別人廢棄不用的土地，很快在利比亞找到九口油井。

西方石油公司在哈默的領導下，經過二十幾年的努力，終於發展成一間跨國公司，哈默本人也成爲享譽全球的企業鉅子。

由哈默的成功可知，運用「見縫插針」的成功關鍵就在於找到「縫」，亦即機會。機會並非單純的幸運，它常常潛藏在平凡的現象背後，所以一般人不容易察覺存在，只有聰明人才能識破表象，看到本質，抓住被常人忽略的機遇。

除了隱藏性之外，機遇另一個特點是具有暫時性。「縫隙」一旦顯露，就不能拖延、不能觀望、不能猶豫，必須當機立斷，否則必定錯失良機。因此，「見縫插針」的運用與機會的探尋和行動分不開。

不過，在發現機會並適時把握的時候，還應同時注意以下幾個問題：

•善於發現和識別機遇

任何機遇都來自於環境的變化，潛藏在現象背後，並且具有偶然、暫時的特點，要想發現它，就需要具有聰明的頭腦和敏銳的觀察力。

因此，你必須時時注意周遭及社會環境的變化，仔細觀察潮流的動向，認眞思考政治、經濟或是歷史文化環境的改變對事業的可能影響，這麼做的目的是要尋找機會，看出「縫」之所在。

•見機行事，隨機應變

一旦發現機會，就得抓緊時間，立刻採取行動，唯有如此才不會耽誤時機。猶豫、觀望都只會使機遇悄然流逝，讓自己後悔莫及。

「見縫插針」的成敗關鍵，在於靈活思考並恰當運用機會。好機會出現時，你要勇於改變航向、見風使舵；同理，面對不利的形勢時，要能審時度勢，果敢拋棄不利的因素。

不管做什麼事情，墨守陳規、隨波逐流必定不能有所成就，關鍵在於找出別人失敗中有無「一簣之計」可用，如果不能爲自己所用，必會重蹈覆轍、徒勞無益。因此，要能利用他人的失敗，就必須先對他人的失敗進行分析和判斷，找到「一簣之計」的藏身之地。

一般而言，失敗中包含的「一簣之計」，通常有下述幾種情況：

1.對某事已做一些初步的探索，但由於沒什麼效果或是看不到希望而停止，因此事情仍處在無結論狀態。

2.因為客觀條件的限制，不能繼續深入，只好暫時罷手。

3.經過一段時間的運作後，感覺自己的能力有限，無法繼續下去，也就是受到主觀條件的制約。

4. 進行中的計劃超出了預定的目標，因此不能深入進行，只得作罷。

5. 因為認知上的偏差或資訊上的失誤，導致判斷失誤。

成功的過程中當然允許失敗，不是說失敗爲成功之母嗎？在這個意義上，失敗和成功都各有它獨特的價値，而善於從別人失敗的地方獲得成功，更是高人一等。

所以，只要懂得分析、判斷出他人失敗的原因，再針對狀況想出補救的方法，找出「一簣之計」，自然就能獲得別人得不到的成功。

抓住機會，搭配有效策略

當機會出現時，你若能運用聰明才智把握住機會，自然就會受到幸運女神的眷顧與垂愛，再配合有效的策略，獲得成功的「幸運兒」就是你。

人短暫的一生中，可能會遇見美麗炫目的黃金時刻，然而它總是轉瞬即逝，只要一不留神，就會和它擦肩而過，使你懊悔不已。機遇就像是一個美麗又任性的天使，會突然飄落在你身邊，但只要你稍有不慎，她就又會偷偷地離你而去，不管多麼後悔，都再也不復返了。

「機不可失，失不再來」，一旦失去了機會，無論多懊悔、沮喪都無法挽回。相反的，如果你能在時機來臨前就意識到它即將到來，並在它溜走之前就果斷採取行動，那麼幸運之神一定會眷顧你，使你輕鬆步上通往成功的坦途。

若總在錯失時機後才頓足扼腕，那一生恐怕都會十分倒楣，自然不可能成就事業。若懂得時機稍縱即逝的道理，及時把握任何機會，必定能比其他人更一帆風順、心想事成。

鋼鐵大王卡內基，正是懂得把握時機而受到幸運女神青睞的最佳例證。

一八六五年，美國南北戰爭宣告結束，北方政府戰勝了南方奴主，林肯總統卻不幸遇刺身亡。當時，全國人民沉浸在歡樂與悲痛之中，既爲美國的進步歡呼雀躍，又因失去了一位可敬的總統而感到悲傷。

處在這種情況，卡內基卻敏銳地看到了另外一面。他預料當戰爭結束後，經濟必然會復甦，經濟建設對於鋼鐵的需求量必會與日俱增，於是毫不猶豫地辭去了鐵路部門報酬優厚的工作，合併了當時兩大鋼鐵公司——都市鋼鐵公司和獨眼巨人鋼鐵公司，創立聯合鋼鐵公司。

另外，卡內基又讓自己的弟弟湯姆·卡內基創辦匹茲堡火車頭製造公司，並控制蘇必略鐵礦的經營權。

事實證明，上天確實賦予了卡內基一次難得的機會。當時，美國戰勝墨西哥，奪取了加利福尼亞州，並決定在那裡建造一條鐵路，同時，美國政府又規劃修建橫貫全美的交通大動脈，核准了聯合太平洋鐵路的修建。總之，美洲大陸鐵路革命的步伐開始邁進了。

正是看到了鐵路革命到來這一大好時機，卡內基十分明白，美洲大陸進入鐵路時代後，需要建造大規模的鐵路、火車頭和鐵軌，而鋼鐵正是這些東西的原料，所以果斷地選定朝鋼鐵業進攻。

卡內基在工廠中矗立起一座二百二十五公尺高的熔礦爐，那是當時世界上規模最大的熔礦爐。在建造期間，投資者都提心吊膽，但他不懈的努力讓所有的擔心成了多餘。另外，他還聘請優秀的化學專家駐廠，以檢驗購入的礦石、灰石和焦炭的品質，使產品、零件及原材料的檢測系統化。

此外，卡內基又大力整頓經營方式，貫徹各階層職責分明的高效率管理模式，從而使聯合鋼鐵公司的生產效率大幅提高。

這些做法的確有先之明，否則他的鋼鐵事業就會在不久後到來的經濟大蕭條中成爲犧牲品了。

一八七三年，經濟大蕭條不期而至，銀行倒閉、證券交易停止營業，各地的鐵路工程支付款突然被凍結，現場施工停止，鐵礦廠及煤廠相繼歇業，連匹茲堡的爐火也熄滅了。

面對這種情景，卡內基的信心非但絲毫未動搖，甚至還斷言：「只有在經濟蕭條的年代裡，才能以低廉的價格買到鋼鐵廠所需的物資，並且工資也較低。況且，因爲其他鋼鐵公司相繼倒閉，向我們挑戰的東部企業家也已鳴金收兵，等同於千載難逢的大好時機，絕不可以坐失良機。」

在百業蕭條的情況下，卡內基卻反其道而行，計劃建造一座鋼鐵製造廠，擴大現有的規模。

他走進股東摩根的辦公室，說明自己的新計劃：「我打算進行一項百萬元規模的投資，建造貝亞默式五噸轉爐兩座，旋轉爐一座，另外再建造亞門斯式五噸熔爐兩座，希望你能支持。」

「那麼，新建工廠的生產量如何呢？」摩根問道。

卡內基說：「如果在一八七四年四月開始生產，鋼軌的年產量將達到三萬噸，每噸製造成本大約爲六十九美元，而現在鋼軌的平均成本大約是每噸一百一十美元，新設備的投資總額約是一百萬美元，所以第一年的收益就相當於成本。實際上，投資鋼鐵製造的利潤比投資股票更高。」

最後，卡內基終於說服了股東，一致同意發行公司債券。不僅如此，新建工程也如火如荼地展開了。

一八七五年八月六日，卡內基接到了第一份訂單：二千根鋼軌。當時，每噸鋼軌的總成本才五十六．六美元，這比原先估算的數字還要便宜，卡內基爲此興奮不已。

然後，在一八八一年，卡內基與焦炭大王佛利克達成協議，雙方共同投資組建了F．C．佛利克焦炭公司，各持一半的股份。不久，卡內基又聯合許多小焦炭公司，成立了卡內基公司。

一八九〇年，卡內基兄弟吞併狄克仙鋼鐵公司，一舉將資金增到二千五百萬美元，公司名稱也改爲卡內基鋼鐵公司，之後又更名爲US鋼鐵企業集團。

發展至此，卡內基已壟斷了全美國的鋼鐵工業。

卡內基在鋼鐵製造業上的成功經歷，與他善於把握有利時機的特質是分不開的，正因爲精明地把握住每一個微小的機會，才能成就傲人的鋼鐵霸業。

或許有人對卡內基的成功不以爲然，甚至認爲他只不過是比別人好運些罷了。但無論你是把抓住機會的智慧視爲運氣，或是將一切都歸因於命運，有一件事是無庸置疑的：當機會出現時，你若能運用聰明才智把握住，自然就會受到幸運女神的眷顧與垂愛。

就這個意義而言，抓住機會就是好運氣的同義詞。

若是能牢牢抓住機會，配合迅速且適當的做法，正如卡內基一般，成功的「幸運兒」就會是你。

善用想像力，致富其實很Easy

不是許多人都在埋怨自己沒有碰到機遇嗎?那就請不失時機地運用預見性想像吧!因為預見性想像力的運用，會讓大腦越用越靈敏，讓自己越來越精明。

當承接一項任務的時候，第一個反應常常是：壓力來了。於是整個人神經緊繃，也會產生「萬一失敗怎麼辦」的焦慮。

然而，正是因爲這種反應，導致了日後的失敗。

你應該放鬆自己的神經，不要以緊張的力量來「做這件事」，而是在心裡「想著」眞正要實現的目標，強化目標實現時的意像，然後讓本有的創造性成功機制去承擔這項重大任務。

注意到某個徵兆後，你便可以開始預見、想像成功的圖像，一旦確定成功有望，就應馬上著手擬定應對方案，並立即開始實施，不要讓拖延產生的焦慮抹煞成功的機遇。

另外，應善於利用大量資訊，及時、科學、準確地認清機遇到來時的各種徵兆，並充分地查證、運用，以獲得經營的成功。

菲力普·亞默爾就因爲對預見性想像力的妥善運用，爲自己所經營的美國亞默爾肉食品加工公司做出了巨大的貢獻。

一日，菲力普爲在當天報紙上偶然看到的一條新聞而興奮不已：墨西哥發現了類似瘟疫的病例。他馬上聯想，如果墨西哥眞的發生了瘟疫，那麼就一定會傳染到相鄰的美國加州和德州，而從這兩州又會很快傳染到整個美國。

事實上，這兩個州正是美國肉品供應的最主要基地。如果眞是這樣，美國的肉品價格一定會大幅度上漲。

於是，菲力普馬上派醫生前往墨西哥考察證實，並迅速集中全部資金買了加州和德州的牛肉和生豬，並及時運送到東部。果不其然，瘟疫很快就傳到了美國西部的幾個州。美國政府很快下令禁止這幾個州的食品和牲畜外運，一時間市場肉類短缺，價格暴漲。

短短幾個月的時間，菲力普就淨賺了九百萬美元。

這個成功的事例中，菲力普運用的資訊，是偶然讀到的「一條新聞」，並將訊息與自身所具有的知識結合——美國與墨西哥相鄰的是「加州和德州」，這兩個州爲全美主要的肉食品供應基地。

還有，依據常規，當瘟疫流行時，政府必然會下令禁止食品外運，禁止外運的結果必然是市場肉類奇缺，價格高漲。

因此，循著這樣的思路，菲力普朝成功方向大步前進。

他還考慮到是否禁止外運，決定於是否眞的發生了瘟疫。所以，墨西哥確實發生瘟疫是肉類奇缺、價格高漲的前提。精明的菲力普立即派醫生前往墨西哥考察，以證實新聞的可靠性。

他確實這樣做了，因而獲得九百萬美元的利潤。

這個過程可概括爲兩個關鍵點，第一，報紙對墨西哥瘟疫流行的報導；第二，派醫生前往墨西哥證實資訊是否可靠。

類似菲力普這樣運用預見性獲得成功的實例，在商界數不勝數，這絕對就是人們所謂的「機遇」。

在我們周圍，不是許多人都在埋怨自己沒有碰到機遇嗎？那就請不失時機地運用預見性想像吧！

因爲預見性想像力的運用，會讓大腦越來越靈敏，讓自己越來越精明。

像算計金錢一樣算計時間

重視時間其實有另一個積極意義，就是抓緊每一分每一秒，爭取競爭的主動權，精明地搶得商機與金錢。想要精明賺大錢，必先學會對時間精打細算。

將「精明的有錢人」這個形容詞套用在猶太人身上，眞是再適合不過了。放眼全世界，絕對找不出第二個比他們更精明、更善於搶錢的民族。

猶太民族的經商格言中，有一句叫作「勿盜竊時間」，這句話既與態度、禮節有關，也和能否賺錢脫不了關係。所謂「勿盜竊時間」，就是不去耽誤他人的一分一秒，也不浪費自己的時間，因爲「時間就是金錢」。

若有一名猶太職員受雇於某公司，一天工作八小時，那麼他絕對會計算到最精準，在上班時間全心全意付出，下班時間一到，則一秒鐘也不多浪費，馬上收拾東西離開。

對於將時間與生命畫上等號的猶太人而言，竊盜時間就像是偷取了他們珍藏在櫃中的珍寶，或辛苦賺得的金錢，不可原諒。

猶太商人對時間的認識並不僅此而已，對他們來說，時間的意義超過了商品與金錢，它是生活，更是生命。商品可以用錢換取，金錢可以用借貸得來，唯有時間買不到也無法借用，價值難以衡量。

說起猶太人對時間的利用、規劃，同樣可以用「精明」形容。

猶太商人會見客人，總是恪守時間，絕不拖延。同理，客人來訪，必須事先約定，否則絕對吃閉門羹。猶太人不僅不歡迎，甚至討厭突然來訪的客人，認爲與這種冒失的人做生意，極有可能導致失敗。

無端佔用他人時間的人，與盜賊無異，這是猶太人的堅持。

有位年輕人，是美國某著名百貨公司宣傳部員工，頗具能力。一次，爲了進行市場調查，他前往紐約市一間由猶太人經營的百貨公司，希望拜訪宣傳部主任。由於他想更彈性地利用自己的時間，因此事前沒有預約。

抵達目的地後，這位年輕人向櫃檯小姐說明來意，對方反問：「先生，請問您事先已約好時間了嗎？」

這位青年先是感到有些困窘，但片刻定神後，便開始滔滔不絕地說：「我是某某百貨公司的宣傳部代表，由於某些職務上的需要，特地前來請教貴公司的宣傳部主任。雖然沒有預約，但是我認爲不構成妨礙，因爲……」

「對不起，先生，既然沒有預約，我無法爲您引見。」

這位年輕人終究沒有如願，原因很簡單，就在於不懂得尊重他人的時間，不懂得「時間就是金錢」的道理。

無論是「臨時到貴地，因此拜訪一下」或是「如不順便探望一下，實感有憾」，這一類不速之客，看在猶太人眼裡，都是經商的絆腳石。

進行商談前，猶太人一定會約明「幾日幾時起，晤談幾分鐘」。預約晤談時，也同時考慮到對方的時間寶貴，力求縮短會談，原本需要講三十分鐘的事情，往往十分鐘就可以解決。甚至某些情況下，猶太人會指定只談五分鐘或一分鐘，這也是常有的事情。

因爲對時間要求嚴格，所以猶太人絕不允許約定卻又遲到。一進辦公室，略事寒暄後，立即進行「商談」，正是典型的猶太風格。

另外，猶太商人的工作時間相當規律，每天早上上班後約第一個小時，稱爲「發佈命令時間」，用以處理昨日下班後至今天未上班時送到公司的有關文件。「現在是發佈命令時間」這句話，已成了猶太人「拒絕會客」的公用語，「發佈命令時間」結束後，就開始當天的工作，並會見事先預約的客戶。

重視時間其實有另一個積極意義，就是抓緊每一分每一秒，爭取競爭的主動權，搶得商機與金錢。惜時如金是猶太人的商業智慧，想要精明賺大錢，必先學會對時間精打細算。

活用時間差，效益加乘無限大

多動點腦筋，嘗試從不同角度或切入方法運用時間，就能把無形的時間轉化成有形的各種資本，從而為自己爭取到更充裕的現金，精明地做成更大的生意。

對於最精明的猶太商人來說，時間是進行任何一宗交易都不可少的條件，更是達到經營目的的前提。

例如，與對方簽訂合約時，要充分估算自己的交貨能力，是否能按照客戶要求的品質、數量和交貨時間履行合約，確定可以辦到才簽約，若辦不到，必須爲信用著想，不可妄爲。

商業活動中，時間的價值顯示在好幾方面，商人爭相在節慶到來前推出應景產品，或搶在競爭對手前降價以佔領市場，在在都說明了人們對時間的重視。在競爭激烈的市場中，誰能一馬當先，以質優款新的產品問世，取得先機，必定就能獲得較好的經濟效益。

以電子錶爲例，最初問市時每支售價幾十美元乃至幾百美元，曾幾何時，由於已有許多競爭者推出同類產品，導致價格一落千丈，每支售價只剩十幾美元，甚至根本不到。

又如日常必需的蔬菜水果，淡季售價總是高出盛產季節好幾倍。

爲什麼會出現如此大的反差？

癥結點其實就在於「時間」，時間在商場上的價值無可衡量。

一個企業的經營效益高低，與費用的高低息息相關。如果企業一年營業額爲十億元，資金周轉率爲兩次，每年佔用資金約爲五億元，那麼按通常的銀行年息計算，一年共須支付利息達六千萬元。

試想，如果企業能把握時間，進行有效管理，使資金周轉達到一年四次，那麼支付的利息就可省下三千萬元，等同多盈利三千萬元。

「時間」的重要性，由此可證。

重視時間，並且珍惜時間，對猶太商人來說是理所當然的事情，沒有什麼特別。這種精神，十分值得我們學習。

猶太鑽石富商巴納特，便稱得上是利用時間的高手。

巴納特的營利呈週期性變化，每星期六是獲利最多的日子，因爲這一天銀行不營業，所以他可以盡興地開出支票購買鑽石，然後趁星期一銀行開門之前售出，以所得款項支付貨款。

藉著銀行停止營業的兩天時間，使出「暫緩付款」計策，便不會讓自己的空頭支票被打回來，只要有能力在每個星期一早上爲自己的帳號存入足夠兌付的現金，就永遠沒有開出「空頭支票」的顧慮。

正是因爲巧妙地拖延付款，巧用了市場運行的時間表，巴納特能在不侵犯任何人合法權利的前提下，靈活運用遠比實際所有更充裕的資金。

巴納特對時間的精打細算，簡直可以用出人意表、別出心裁形容，連其他猶太同胞也大感驚奇、讚嘆不已。

放眼現代金融市場，更加出類拔萃的時間運用高手不在少數，索羅斯、巴菲特等等，都是最好的例子。多動腦筋，嘗試從不同角度或切入方法運用時間，就能把無形的時間轉化成有形的各種資本，從而爲自己爭取到更充裕的現金，精明地做成更大的生意。

先學珍惜時間，再學賺錢

在當代社會，金錢大有主宰一切的態勢，要認清一個道理：不懂得利用時間，必定不可能賺取金錢。想要成功致富，請從愛惜並善用時間開始。

精明的猶太商人不僅珍惜時間，更會把它看成是生命。

時間究竟是什麼？它又有多寶貴？

這個問題的答案，事實上，絕大多數人都無從知曉。因爲人們往往必須等到失去，才眞正省悟時間的寶貴。

生命無法從頭來過，時間永遠不會倒流，因爲損失無法追償，所以誰能抓住時間，誰就是成功者。

每個民族都有對於時間重要性和不可重複性的描述，提醒人們珍惜時間，愛惜光陰。

想要成功致富，就須從愛惜並善用時間開始。

最善於經商的猶太人，對時間的認識遠比其他民族更深刻。

一位猶太教士總帶著一支手錶，背面鐫刻著「愛惜光陰」四個字。他把這支錶拿給學生們看，衆人無動於衷，認爲毫無新奇之處。

猶太教士對學生的反應相當驚奇，搖了搖頭，慢慢地說：「有一句俗話叫『時間就是金錢』，這句話並不對，因爲它容易讓人產生誤會，使我們爲金錢所累，因爲無限膨脹的慾望盲目追逐金錢，受到役使。用有限的時間去追求無限的金錢，必定永遠看不到終點，只感受到兩者的雙重壓迫。」

學生聽得專注，教士繼續說道：「金錢可以慢慢增值，而時間卻永遠不會停留，不抓住，就意味著永遠失去。所以我們要先求抓住時間，再求以有限時間滿足自己對金錢的渴望。」

應將「時間就是金錢」改爲「時間就是生命」，或者「時間就是人生」。

可是實際上，又有多少人知道時間的寶貴呢？

小孩子沒有時間觀念，因爲他們的生命才剛剛開始，一切看起來都遙遠得像是沒有盡頭，但其實打從呱呱落地起，時間便已像飛輪一樣開始運轉了。很可惜，人往往都要到長大後，甚至年華老去後，才眞正知道時間的重要，才開始進行與時間的賽跑，卻往往爲時已晚。

當我們感嘆人生庸碌，一事無成時，時間卻已如流水，逝去過半。人生不可能重複，「生命既已逝，盛年不再來」，對時間的損失，我們永遠無法追補。

人與動物不同之處，便在於懂得時間的一維性、不可重複性。整個人生過程裡，我們都應當不斷思索著怎樣去安排、去駕馭時間，如何在有限的生命中，利用它創造出最高、最豐富的價值。

能夠親身體驗時間的機會只此一次，必須好好把握。

最精明的猶太商人說：「人若不去享受神賦予的快樂，是一種罪惡；但如果過分享樂，同樣是一種罪惡。」

將這個道理延伸，得出的結論很簡單：應認清生命的眞正價值所在，先學會珍惜時間，再學賺錢。

適當享樂，完善生命，然後用有限的時間創造出無限的價值，達成自己追求的理想，這才是最美好的人生境界。

10

事前監督，勝於事後彌補

建立監督機制，就等同懂得為自己築起一道「防騙牆」。切記，無論進行何種生意，面對怎樣的交易對象，事前的防範永遠比事後的彌補更有效。

智慧比知識更寶貴

想要真正地在人生戰場上取得勝利，必須充實自己的學識，進而轉化成自身的智慧和能力。最終，你擁有的價值將更形提高，自然也就不怕無法成為有錢人了。

如果問猶太人這樣一個問題：「人生當中，最重要的是什麼？」你認爲，他們將如何回答？

答案恐怕出乎所有人的意料，精明且善於經商的猶太人不會告訴你金錢最重要，而會肯定地說：「對一個人來說，最重要的是智慧。」

重視智慧的觀念，起源自猶太人千百年來尊崇的宗教傳統，在他們心中佔有舉足輕重、不可動搖的地位。

一般來說，在猶太兒童還沒有長大成人之前，父母就會深刻地教育他們一個道理——智慧，比什麼都重要。

「假如有一天，你的房子被燒毀，財產也被人搶光，你將帶著什麼東西逃跑呢？」猶太母親問她的孩子。

「錢。」一個孩子回答。

「鑽石。」另一個孩子則這樣說。

「有一種沒有形狀、沒有顏色、沒有氣味，卻非常珍貴的東西，你們知道是什麼嗎？」搖搖頭，母親繼續問。

孩子們左思右想，找不到答案。

母親笑了，接下去說：「孩子，你們要帶走的東西不是錢，也不是鑽石，而是智慧。智慧是任何人都搶不走的，只要你還活著，它就永遠跟隨著你，無論逃到什麼地方，都不會失去。」

許多猶太母親都曾這樣教育過自己的孩子，所以重視智慧的觀念已經深深紮根在每一位猶太人的心中。在猶太人的社會裡，幾乎每個人都認為學者比國王偉大，甚至連富翁也比不上。

有智慧，並善於運用，就可以得到財富。爲什麼猶太商人多是精明且成功的呢？對智慧的重視其實就是最好的答案。

希伯來語稱有智慧的人爲「赫黑姆」，意指具有「赫夫瑪」，也就是有「智慧」且能充分使用的人。如同許多智者出身低微一樣，「赫黑姆」也不一定來自知識階級，極有可能是肉攤子或果菜行的老闆。

在猶太社會中，當一個年輕學生逐漸累積知識、發揮知性、培養出洞察力，並開始瞭解到必須謙虛以後，就可以被稱爲「赫黑姆」。

猶太人一方面重視學識，另一方面也重視謙虛的態度，即便身爲坐擁萬貫家產的富豪，仍大力推崇這兩項美德。

有一句猶太諺語這樣說：「智者和富翁，誰比較偉大？當然是智者了，因為他們知道金錢的可貴，但有錢人卻不知道智慧的可貴。」

猶太民族非常看重學問，但是與智慧相比，學問也略低一籌，他們把只有知識而沒有智慧的人，比喻爲「背著很多書本的驢子」。在猶太人看來，這樣的人即便擁有再多知識，也派不上用場。

此外，知識必須爲善，就算運用在競爭激烈的商場上，也不可以成爲陷害他人、玩弄不法的手段。若用知識做壞事，將危害自己與他人。

猶太人相信知識是爲磨練智慧而存在，假如只是一味收集知識卻不消化，就等於徒然堆積書本而不用，與浪費沒兩樣。

猶太人也蔑視一般的學習，他們認爲一般的學習只是一味模仿，不具有任何的創新，沒有實質上的作用。實際上，學習應該是思考的基礎。

是否羨慕那些富豪？是否想要像有錢人一樣精明？猶太人告訴我們，想要眞正地在人生戰場上取得勝利，必須充實自己的學識，進而轉化成自身的智慧和能力。最終，你擁有的價值將更形提高，自然就不怕無法成爲有錢人了。

巧用智慧，別讓付出白費

學會思考是人類智慧的最高境界，它必須在知識被理解掌握而融會貫通、舉一反三的基礎上才可能達到，還要輔以敏銳的直覺能力、開闊的視野和胸懷。

智慧比知識更重要，沒有智慧，無法成爲一個精明的有錢人。可是，珍貴的智慧究竟從何而來？

根據猶太人的經驗，智慧源自於學習、觀察和思考，這或許聽來太空洞且簡單，但事實證明，越是簡單的事越不容易做好。

●學習

學習是用以磨練心性和思維的，只有不斷地學習，才會讓人處於不斷更新的完善狀態裡。

猶太人視學習爲義務，視教育爲「敬神」。我們都知道知識源於實踐和經驗，但人受到時空與自身限制，不可能什麼都親自去實踐、去經歷，學習，往往必須透過別人既有的經驗。因此，從書本及各種管道進行學習，是充實自身智慧的第一要件。

據統計，最近十幾年內發展出來的工業新技術，有三十%已過時，電子產品的壽命週期已縮短至三年左右，「摩爾定律」的出現，更昭示人們資訊技術的快速更新。在這樣多變的環境裡，任何故步自封、因循守舊、缺乏遠見和不求上進的觀念與態度，都必定導致失敗。

猶太人深明這個道理，不但堅持不斷學習、不斷精進，更要求別人學習。他們特別強調培養後進的學習精神，讓他們成爲文化素質高、懂知識、樂於自我充實且持續進步的新一代。

至於學習之法，猶太人認爲，一是要善於尋找資料，不可盲目爲之；二是把握重點，不可不分輕重，對重點部分尤其必須讀懂、讀透；三是借腦讀書，作爲上司，大可以指派下屬去讀你想要讀卻沒有時間精力接觸，或認爲不值得將大量心思投入的書，然後讓他們把核心內容或要領歸納後，詳細地告訴你；四是樂於向別人學習、交流、討論。

另外，電視、廣播、網際網路也都是進行學習的有效管道。

● 觀察

知識其實是死的東西，沒有任何價值，唯有用以觀察世界，分析問題，它才能「活」起來。透過人的感觀、思維，與實際存在的事物或問題發生聯繫，知識的價值才得以體現。

所以，觀察是知識運用的重要步驟。

美國連鎖體系的先驅盧賓，就是一個善於觀察的猶太人。

他最早在淘金熱中做生意，以滿足那些淘金者的生活需要。後來生意越做越大，經過八年的經商實踐，並深入市場調查研究，發現單靠買賣雙方討價還價的交易方法，既不利於自身業務的發展，又無法消除顧客對店家的不信任和猜忌。

而且，由於價格不一、變動頻繁，難有參照的標準。針對這些情況，盧賓反覆地思考，終於研究出一種經營方式，叫「單一價格店」，即對每一種商品標價並按以銷售。這樣，所有價格一目了然，一掃當時盛行的商業欺詐行為，既增加交易的效率，更贏得了顧客的信賴。

隨著顧客的增多，他又發現，人潮造成了購物空間的擁擠，使得交易速度難以提升，而且也耽擱了顧客的寶貴時間。另一方面，每間商店總有一個輻射範圍，要使遠距離顧客特意前來消費顯然不容易。

於是，他又發展出「連鎖經營」的方式，也就是開設多家分店，不僅同貨同價，設計、佈局、裝潢也相同。這樣的做法，等同將一家店開在更多、更廣的地方，想當然爾使生意越做越大。

為什麼盧賓的銷售方式能得到成功？就在於創新的內容切合市場需要，是對已有銷售方式、營銷模式的一種拓展與突破。此外，也由於他深諳銷售和顧客消費心理，並將種種知識活用，發揮在正確的地方。

因爲善於觀察、發現問題，進而能針對問題，運用知識提供解決方案，所以盧賓能憑著自己的創意，一舉成功致富。

●思考

所謂「思考」，不單僅止於對知識的理解、咀嚼，更進一步包括了對環境、對變化的反應。

我們每天都在經歷著變化，也在耳聞目睹著種種變動，可是，究竟有幾人可以洞悉其中的規律，從而預見變化的趨勢呢？

可以說，學會思考是人類智慧的最高境界，它必須在知識被理解掌握且融會貫通、舉一反三的基礎上才可能達到，還要輔以敏銳的直覺能力、開闊的視野和胸懷，從而精益求精。

若能達到這樣的境界，投身商場自然致富成功。

有知識，更要懂得觀察情勢

想要有錢，或者想要使自己的財產再上一層樓，不能光靠知識，更要善於觀察情勢，運用自己的思考力，將知識和情勢結合活用，才能精明賺大錢。

有志成爲成功商人的你，必定聽過摩根的大名吧！

曾稱霸美國華爾街的金融鉅子Ｊ．Ｐ．摩根，是善於把握變化趨勢，具有非凡洞見力與遠見卓識的少數商人之一，可說將自身的精明本事發揮到了極致，直到今日仍備受推崇。

一八七一年，普法戰爭以法國的戰敗告終，法國因此陷入一片混亂，一方面要賠德國五十億法郎的鉅款，一方面還要儘快恢復國內經濟，而這一切都需要錢。衡量當時法國政府所面對的情況，若要使國家經濟維持一定水準，首要必須發行高達二．五億法郎的國債。

面對如此巨額的國債，再加上動盪不安的政治局勢，法國金融界的兩大巨頭——羅斯柴爾德男爵和哈利男爵都表示不願接手，其他小銀行當然更不敢也無力承擔，認爲無異於鋌而走險，極有可能賠上自己的事業前途。

然而，摩根卻不這麼認爲，他直覺敏銳地意識到一個現象：當前的環境太不樂觀了，政府若不想垮台，免不了必須發債，而這些債務將成爲銀行投資或證券交易的重頭戲，誰能掌握它，就可以在未來稱雄。

但是，誰又有本錢冒這個險呢？

仔細衡量推敲之後，摩根想到一個最好的辦法——將華爾街各行其事的各大銀行聯合起來，共同承擔。

若能把華爾街所有大銀行聯合起來，形成一個規模宏大、資財雄厚的國債承購組織「辛迪加」，便有辦法將原本必須由一個金融機構獨立承擔的風險分攤到所有成員頭上，無論是龐大的數額或風險，都有辦法消化。

摩根這套想法，從根本上動搖且背離了華爾街的傳統規則，甚至可以說震驚了全世界，因爲那時候奉行的規則與傳統，是誰有機會抓到商機就獨吞，就算自己吞不下去，也不甘心讓別人染指。

當時，放眼各大金融機構，彼此資訊阻隔，相互猜忌，互相敵視，即使迫於形勢聯合，往往也只是爲了自己好，絲毫不顧他人利益與死活。各投資商都是見錢眼開的，爲一己私利不擇手段、爾虞我詐，鬧得整個金融界人人自危，各國經濟烏煙瘴氣，一片混亂。

這種自私的經營態度，被稱爲「海盜經營」，而摩根的想法正是針對此一弊端而來，意圖加以扭轉。

在他看來，各個金融機構必須聯合起來，成爲一個資訊相互溝通、相互協調的穩定整體。對內，經營利益均沾；對外，以強大的財力爲後盾，建立可靠信譽，爭取更多生意。

摩根的想法好似一顆重磅炸彈，在華爾街乃至世界金融界引起了軒然大波，保守派甚至以「膽大包天」、「金融界的瘋子」等言論攻擊，但他全然不為所動，相信自己的判斷沒有錯，在靜默中等待機會來臨。

果眞，日後的局勢演變，證明了他天才般的洞察力。

華爾街的「辛迪加」成立了，法國的國債也消化了，摩根徹底改變海盜式的經營模式，使華爾街從投機者的樂園變成了美國經濟的中樞，當然，更爲自己的家族贏得驚人財富。

摩根的勝利，不僅僅是知識的勝利，更代表了智慧的勝利。

想要有錢，或者想要使自己的財產再上一層樓，不能光靠知識，更要善於觀察情勢，運用自己的思考力，將知識和情勢結合活用，才能抓住別人抓不到或者不敢抓的寶貴商機，精明賺大錢。

輕信別人不如相信自己

商場為戰場，心理要保持高度警覺，永不放鬆戒備。千萬不要輕信任何人，無論大小，凡事都需要經過自己的腦袋思考，做正確的判斷。與其輕信別人，何不相信自己的智慧？

全世界有許多優秀的民族，其中，毫無疑問，猶太民族穩坐商界的第一把交椅。爲什麼沒有土地和國家的他們，在商場上的表現如此出色？

可以說，他們的精明，源自許多正確觀念的培養、累積。

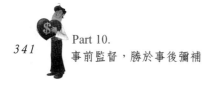

長期的流浪和居無定所，加上來自各方的歧視與壓迫，使猶太人在艱苦惡劣的環境中樹立了獨立的生命意識。爲了能在未來的坎坷人生路上自如應付，他們從小就開始接受只相信自己、不相信別人、任何人都不可靠的知性教育。

爲了達到讓孩子們不信任別人的目的，父母時常扮演「壞人」角色，不斷地騙孩子，同時讓孩子清楚地意識到雙親在騙自己。每次上當受騙，都使孩子們意識到雙親是信不得的。若連至親都不能信賴，還能相信誰呢？

看看下面這個故事，你應當會有所體悟：

三歲的猶太小男孩麥克在客廳裡和姐姐玩遊戲，這時父親出現，抱起了他，放在壁櫥上面，並伸出雙手做出要接住他的樣子。麥克為父親參加他們的遊戲而感到高興，毫不猶豫地就往下跳，沒想到在那一瞬間，父親竟縮回雙手，使麥克重重地摔在地板上。

小麥克立刻嚎啕大哭起來，並伸手向坐在沙發上的媽媽呼喚，可是媽媽卻一臉若無其事地說：「唉呀，好壞的爸爸！」父親則在一旁站著，用嘲弄的眼光望著可憐的小麥克。

在東方人看來，如此對待孩子實在太殘忍了些，猶太民族卻認為這非常正常，而且合情合理。

成年的猶太人會說：「類似的事情重複五六次以後，孩子就再也不敢相信別人了，這樣做的目的，無非是教導他們明白一個道理：世界上沒有一個人是可以相信的，連親生父母也不例外，唯一能夠信任的就是自己。」

只信任自己的思想，是獨立意識形成的基礎，使猶太人從小便有獨立生計的意識，深信只有自己才能養活自己，倚靠別人來過活絕對是天眞的幻想。因此，不論處在多麼惡劣的環境或條件，他們都能頑強地生存下去。

憑藉並發揮本有的能力，再加上強烈的生存意識，當然能精明地找出賺錢的好辦法，解決自己的生活問題。

這種「唯我可信」的做法，也使他們在處理所有事務時，能先小心謹慎地思考再做出抉擇，減少上當受騙的可能。

在長期的流浪和被人排擠中頑強生存下來的猶太民族，自然容易對他人起疑竇，商業經營者作爲獨立掌握自身與市場經濟命運的一分子，首先應具備的，便是理智的獨立與生存意識。這就是猶太商人自我保護的防護牆，使他們不至於輕易陷入他人的商業陷阱裡。

猶太商人時時不忘一條鐵律——不信任任何人。

正因爲不輕信別人，不被事物的表象迷惑，才能在商場上縱橫捭闔，得到卓然成就。在商場上，猶太人認爲，如果交易合作的對象也是猶太人，那麼無論有沒有契約，只要口頭答應了，就可以信任；反之，如果對方不是猶太人，縱然有契約約束，仍不可盡信。

商場如戰場，一說起「錢」，猶太人對任何人都存有戒心。

一次，被稱爲「銀座猶太人」的日本人藤田和一位猶太朋友去酒店吃飯。他的朋友是位畫家，看到風姿綽約的酒店女老闆，當即靈感泉湧，立刻拿出隨身攜帶的畫簿，爲女老闆畫了一張素描。

之後，這位猶太畫家繼續拿著筆，一面望向藤田，一面動筆，並時而翹起左手大拇指比劃。藤田意識到對方在畫自己，便屏住氣息，刻意維持良好姿態。

不一會兒，猶太畫家畫完，鄭重其事地把畫簿給藤田看。藤田感到非常意外，原來畫簿上留下的並不是自己的素描，只畫著猶太畫家的左拇指。他怒從中來道：「你竟然騙我，讓我空擺這麼久的姿勢！」

猶太畫家也不生氣或辯解，笑嘻嘻地說：「聽說你被稱爲『銀座猶太人』，我才想要考驗一下，看你究竟有沒有資格接受這個榮銜。考驗的結果，你顯然還不合格，太容易相信別人了。怎麼能夠只因爲看見我替女老闆畫了一張素描，就肯定我同樣也會替你畫呢？」

藤田一聽，頓時有如醍醐灌頂，自此經商實力又更上一層樓。

猶太人和人做生意時，無論彼此關係多熟，也無論過往已有多少次生意往來經驗，都把對方當作新手看待。在訂契約時，計劃必定非常周密，條件也非常苛刻，目的就在防止日後有違約或其他糾紛的產生。

一般而言，猶太人絕對遵守契約，但即便如此，遇到金錢問題，還是極度小心且易猜疑，甚至連自己的父母妻子兒女都不願相信。

按照東方的傳統衡量，這種思想是可怕的，不相信自己身邊最親最近的人，家庭豈不破裂？

可是換一個角度想，那些腰纏萬貫的大亨巨富，又有幾個能眞正擁有一位只愛他本人，不計貧富都願終生爲伴的妻子？

正如一位猶太人富商所言：「娶了老婆，她必會覬覦我的財產，說不定哪一天還會設計將我殺掉。這樣想來，又何必冒生命和財產的雙重危險去結婚呢？」

當然，猶太富商並不是個個都因爲怕被謀財害命而拒絕娶妻，這只是個極端的例子，但是它揭示了猶太商人的典型心態，那就是視商場爲戰場，視他人爲假想敵，心理保持高度警覺，永不放鬆戒備。

千萬不要輕信任何人，無論大小，凡事都需要經過自己的腦袋思考，做正確的判斷。與其輕信別人，何不相信自己的智慧？

金融世家羅恩柴爾德家族有一條不成文的家規：「縱然是自己的妻子或者丈夫，也要當成外人看待，千萬不可輕易信任。」

不相信人，聽來有些可怕，卻是猶太人憑藉以獲得成功的原則之一，也是他們防範遭遇風險的智慧之舉。

每一次交易都是新開始

每一次的交易，你都必須當成是與陌生人第一次打交道，以免落入陷阱。精明的有錢人所秉持的守則當中，絕對不會遺漏掉「謹慎」這一項，即便對方是親近的熟人。

「不怕一萬，就怕萬一」，商業活動中，商人彼此之間都以利益維繫，一旦不留神，就可能受騙上當。

金錢的誘惑力量太大了，足以把人的良知與道德扭曲。欺詐矇騙的戲碼每天都在上演，使一方眨眼成爲巨富，另一方傾家蕩產卻呼告無門。

是否聽過一句諺語叫「商場無父子」？主要便是在告誡人們不可輕信他人，要堅持自己的想法與立場。

這一理念，猶太商人詮釋得最爲精湛。

猶太人奉行的生意經中，有一條叫做「每一次都是初交」，講的就是「切忌輕信」，把每一回交易的進行都看作是彼此第一次打交道，不要因爲先前曾有來往就放鬆警惕，更不能被對方表現出的眞誠所迷惑。

無論和多熟悉的人做生意，猶太商人都絕不會因爲上次已有成功經驗，而放鬆這一次提出的各項條件和要求。他們習慣於把每次合作都看作一次獨立的生意，把每次接觸的夥伴都看作是初相識的同行。

這樣做，起碼有兩大好處，其一是不會對情勢掉以輕心，能懷著足夠的戒備，防止對方可能的一切手腳，其二是保證辛苦爭取到的盈利不至於被斷送，更不會因爲顧念前情做出不必要讓步。

生意畢竟是生意，容不得「溫情脈脈」，必須精明地保護自己。

猶太商人深知潛意識和先入爲主成見的厲害之處，在於它會使人無從察覺，更不會想要去糾正，直到得出事情結果，大失所望甚至絕望之餘，才察覺自己的疏忽，但爲時已晚。

今日社會上發生的諸多合約詐騙案，往往都是由於「善良的人們」單憑熟人的面子，或者一次小小的「成功」，便失去應有戒心，踏入有心人設下的圈套。

所以，「每次都是初交」實在是猶太民族經歷漫長的歷史演進，由不斷進行的商業活動得出的高級生意經，適用範圍甚至已經到達潛意識層次。

有意思的是，對自己，猶太商人要求做到「每次都是初交」，不爲他人策動；但對別人，則毫不遲疑利用對方對「第二次」的先入之見，以進行策動。

有一則笑話是這樣說的：

「先生，買這把傘吧！多麼漂亮，絕對是眞綢做成的，我保證。」賣傘的店員向一位顧客說。

「不了，太貴啦！」看清標價後，顧客搖了搖頭

店員不死心，隨手又拿起另一把，「那麼，買這把如何？這把傘也很漂亮，價錢只有剛剛那把的一半。」

「這把傘也有保證？」

「那當然。」

「你確定嗎？」

「放心，我絕對向你保證。」

「可是它明顯不是綢的啊！」

「這個嘛，我保證它是一把傘。」

你看出了笑話中隱藏的語言陷阱了嗎？店員只說「保證」，卻不說明究竟保證了什麼，如果顧客不深究，誤把兩次保證當成同一件事情，就會掏錢買下一把其實僅僅保證是「傘」的傘。

每一次的交易，無論大小輕重，你都必須當成是與陌生人第一次打交道，用戒慎戒恐、小心謹慎的態度處理，以免落入任何陷阱。

精明的猶太商人所秉持的守則當中，絕對不會遺漏掉「謹慎」這一項，即便對方是自己親近的熟人，也要維持戒心，保護自己。

事前監督，勝於事後彌補

建立監督機制，就等同懂得為自己築起一道「防騙牆」。切記，無論進行何種生意，面對怎樣的交易對象，事前的防範永遠比事後的彌補更有效。

聰明的商人行事必定保持認眞態度，一絲不苟，不僅不輕易相信對方許下的任何諾言，即便是已簽訂合約的事項，也抱持絕不放鬆的謹愼態度。爲了能使對方遵守並履行合約，甚至不惜花重金設立監督制度，聘請高手協助督促，以保障自身利益不受侵犯。

被稱爲「銀座猶太人」的藤田，曾經有過以下一段經歷：

一天，他正在辦公室處理商業函件，突然有一位律師打電話找他，問道：

「藤田先生，我有事想向您請教，不知現在是否方便？」

當時他正忙得不可開交，所以便一口回絕了，可是那人不死心，繼續請求：

「無論如何，請務必空出一點時間見我。」

「對不起，實在沒有空。」

「那這樣好了，每談一小時，奉上酬勞二百美金。」

藤田大吃一驚，心想一定是有非常重要的事情，便不再拒絕而前去面談。

那位律師是美國一家大企業的法律顧問，而這家企業的老闆正好是一位猶太裔美籍人，想和日本東京的一家公司合作，但是又怕對方會做出違背合約的事情，因此特別委託律師找到藤田先生，希望他可以擔任監督，月薪則有一千元美金之多。

這份職務非常輕鬆，待遇卻如此豐厚，可見對監督一職的重視。

律師說明來意後，便把與日本公司簽訂的合約拿出來，藤田一看，馬上看出那張以日文寫成的合約裡存在著許多問題，但對外國人來說不容易發現。

可以想見，要是那位美籍猶太老闆沒有想到聘請監督人，就不會發現合約存在著對自己不利的漏洞。而有了監督人以後，日本公司想要再藉鑽漏洞佔便宜，要弄手段，就相當困難了。

商人們爲了賺錢，有時會不擇手段，動些手腳是常見的事情，特別是與外商簽訂的合約裡，常常可以發現利用語言差異暗設「機關」的例子，讓不懂內情的外商被蒙在鼓裡。因此，監督人員的設置便成了關鍵。

有了監督機制，便可以防止受「暗算」，承受不必要的損失，所以即使花重金聘請也相當值得。

花錢找人替自己監督的做法，很值得學習，一來省掉親自監督花費的時間和精神，二來免去擺明不信任對方可能造成的誤解不快，因爲自己身居「幕後」。

如此好事，何樂而不爲呢？

懂得建立監督機制，就等同爲自己築起一道「防騙牆」。切記，無論進行何種生意，面對怎樣的交易對象，事前的防範永遠比事後的彌補更有效。

11

膽大眼利，逆境裡也有商機

即便身處逆境，只要善於觀察局勢，分析情況，發揮自己的智慧，做出最佳判斷，同樣抓得住賺錢的大好時機。搶錢的機會處處都有，發財與否，端看你懂不懂得把握。

膽大眼利，逆境裡也有商機

即便身處逆境，只要善於觀察局勢，分析情況，發揮自己的智慧，做出最佳判斷，同樣抓得住賺錢的大好時機。搶錢的機會處處都有，發財與否，端看你懂不懂得把握。

許多人會在景氣不好時抱怨連連，認爲必定賺不到錢，可眞正聰明的商人卻不這麼想。在他們看來，逆境裡其實隱藏著許多發財賺錢的機會，只要具備一雙善於挖掘的慧眼。

歐斯．愛．哈同，一八四九年生於巴格達，排行老三。他的父親愛隆．哈同是當地英資沙遜洋行的小職員，一八五四年調往印度孟買的總行工作，全家也隨同遷居。

一八七三年，二十四歲的愛．哈同從孟買轉往香港謀職，先在老沙遜洋行當了兩個多月的雜工，然後再到上海的老沙遜洋行當門房。

年紀輕輕的哈同是靠「兩土」起家，這所謂「兩土」，一爲土地，二爲煙土，也就是鴉片。

在當時的上海，土地和煙土是利潤極爲豐厚的兩樣大宗買賣，煙土的利潤在正常情況下約爲三十%左右，土地交易獲利則更高。

不過，從事這兩宗生意的外商雖多，能夠像哈同這樣由一文不名的窮小子一躍爲百萬富翁的，則再找不出第二個。

一八八三年，中法戰爭全面爆發，法國軍隊分海、陸兩路進攻中國，上海租界內的外國僑民感到非常恐慌，紛紛外逃。老沙遜洋行的老闆面對眼下混亂狀況，也慌了手腳，在外逃與滯留之間猶豫不決，一時不知如何是好。

此時哈同已擔任洋行的地產部主管之職，便向老闆獻策。他說，清政府早已昏庸無能，必定奈何不了法國，所以緊張局勢不會持續太長時間，市場很快便能恢復穩定，上海的市場將重新繁榮。現在人心不定，地價暴跌，是低價購進地皮的大好時機，所以非但不該撤資外逃，還應購入大批地皮，並多造房屋。

老闆覺得有理，接受了哈同的意見，照此辦理。中外商人見老沙遜洋行的這番舉動，也漸漸定下心來。

不久，中法戰爭結束，法國殖民勢力進一步滲透入中國領土，不僅戰亂時遷出租界的人逐漸搬回來，還湧進了更多的僑民，房地產價格因此連番猛漲。短時間內，老沙遜洋行便獲利五百多萬兩銀元，哈同也一下子成了百萬富翁。

在鴉片生意的經營上，哈同也抓住了難得的投機機會。

不久後，英國政府同意與清廷外務部訂立試辦禁煙的協約，規定：「印度鴉片輸入中國，以最近五年，一九〇一到一九〇五年，平均額五千箱爲準。自光緒三十四年起，即一九〇八年，每年遞減十分之一，十年內絕滅。」

同時，清廷厲行禁令，上海道台貼出佈告，查禁租界內的煙館，一時禁煙聲浪迭起。鴉片商們見狀紛紛拋售手中的存貨，唯恐大盤狂跌虧了老本。哈同卻又獨排衆議，不但留下自己的鴉片，還趁機大量買入。

果然沒有多久，清政府的禁煙令在列強的干擾下成爲一紙空文，聲勢浩大的禁煙運動有頭無尾，不了了之，租界內的鴉片需要量急劇增加，價格隨行就市，一路瘋漲，印度煙土價格幾乎和黃金相等。

一跌一漲之間，哈同又賺得了幾百萬兩銀子的暴利。

哈同能賺得大錢，就在於精明地看穿時局，知道當時的清廷政府已形同空殼子，所以敢於在別人都不看好的形勢下，對市場持樂觀態度，利用一次又一次的買低賣高，大獲成功。

哈同的作爲雖給人一種投機取巧、僥倖得逞的感覺，卻不能否認確實具備了獨到眼光，憑著靈敏的預見能力把握時局，完全展現出自身的精明特質。

所以，即便身處逆境，只要善於觀察局勢，分析情況，發揮自己的智慧，做出最佳判斷，同樣抓得住賺錢的大好時機。

搶錢的機會處處都有，發財與否，端看你懂不懂得把握。

承認金錢的重要

金錢是比天國的精神上帝更為實在的世俗上帝，人的成功標誌，大部分是依靠自己在財富方面的成就，承認錢的重要，是變成有錢人的第一步。

說起「猶太人」，你會聯想到些什麼呢？

馬克思曾經這樣形容過猶太人：「現在讓我們來觀察一下現實的、世俗的猶太人吧！猶太人的世俗基礎是什麼呢？實際需要。猶太人的世俗偶像是什麼呢？做生意。世俗上帝是什麼呢？金錢。」

這話有些苛刻，但不無道理。

猶太民族是幽默而機智的民族，他們滿嘴精明且風趣的笑話，調侃上帝，但是從不調侃金錢。

看看以下這個小笑話，你就會明白。

有一回，勞布因爲手頭緊，找猶太朋友格林借錢。

「格林，我眼下手頭拮据，能借我一萬先令嗎？」

「親愛的勞布，當然可以。」

「那你要百分之幾的利息？」

「百分之九。」

「百分之九！」勞布驚叫起來：「天啊！你怎麼能向一個教友要如此高的利息？想想，上帝從天堂看下來時，對你會有什麼想法？」

「沒關係，上帝從天上看下來，會把九看成六。」

勞布頓時愣在原地，無言以對。

猶太人可以用很隨意的口氣，像談論鄰人一樣地談論上帝，但他們對金錢卻永遠極其認真，一絲不苟。

對猶太人而言，金錢是比天國的精神上帝更爲實在的世俗上帝。注重現實生活的猶太人相信，是金錢使他們的肉體得以生存，也只有在世俗上帝保證肉體生存之後，他們才能膜拜精神上帝，追求高尚的精神生活。

因此，在猶太人的眼裡，金錢居於生死之間，處於中心地位。

對錢的重視，在猶太第二聖經《塔木德經》的許多格言中表露無遺：

「《聖經》放射光明，金錢散發溫暖。」

「身體依心而生存，心則依靠錢包而生存。」

「錢不是罪惡，也不是詛咒，它祝福著人們。」

「錢給予我們向神購買禮物的機會。」

「傷害人們的東西有三：煩惱、爭吵、空錢包，其中以空錢包為最。」

「一旦錢幣叮噹響，壞話便戛然而止。」

「用錢去敲門，沒有不開的。」

這些都是古老的猶太民族遵循的法典，表現出他們對金錢的推崇與重視。

猶太人以宗教作爲生活的依託，但他們從不輕視金錢，這一點與基督教或其他宗教恰好相反。

馬克思在《論猶太人問題》中這樣寫道：「猶太人用自己的方式解放自己，他們能成功解放，不僅因為掌握了金錢勢力，還因為金錢透過他們，對世界產生不同的影響。猶太人的實際精神成了基督教各國人們的實際精神，他們的自我解放已到了使基督教徒漸漸朝向猶太人靠攏的程度。」

儘管歷盡磨難，流浪異鄉，猶太人靠自己的智慧，透過對金錢、對財富的不斷追求，爲自己贏得生存和發展的機會。

同時，由於在追逐金錢、聚集財富方面的成功，使得其他民族不得不對他們刮目相看，也不得不向猶太精神學習。

猶太人把每一次迫害看成一次挑戰，在困苦中艱難地尋找商機，匆匆奔波，或買或賣，苦苦地把經商做生意當作生存的手段。在一次又一次的迎接挑戰過程中，獲得了舉世無雙的商業智慧和令人瞠目的戰績。

不可諱言的，現今社會，人的成功標誌，價值的實現，大部分是依靠自己在財富方面的成功。在這個意義上，猶太民族無疑是世界上最優秀，也最「先知」的民族了。

承認錢的重要，是變成有錢人的第一步，請務必做到。

對奢侈的東西吝嗇

一味吝嗇地對人對己無法擁有富人的氣度，吝嗇和節儉只有一線之隔，該花則花，不必要的花費則十塊錢都嫌多，這樣的精明才是恰當的。

人們一聽到「猶太人」三個字，經常會聯想到貪婪狡猾的商人，這也難怪，猶太人經商較其他民族成功，在實業界嶄露頭角者不計其數。

美國前財政部長M．布魯門．切爾，是卡特總統的經濟參謀，也是一位從民間被選拔上來的猶太商人。

他們一家在一九四七年逃離納粹的魔掌，從歐洲來到美國。剛抵達的時候，身無分文，但是他十分努力，在加州大學伯克萊分校和普林斯頓大學攻讀經濟學。畢業後，當上一家公司的副總經理，那時才三十一歲。

十年後，他成爲美國企業本迪克斯的總經理，還擔當國務卿經濟顧問一職。如此迅速的成功，與尼克森時期的國務卿季辛吉的經歷如出一轍。

世界上許多享有名望的企業家都是猶太人，比如紐約時代公司老闆查魯茲、百貨業翹楚S．古多曼和休拉爾斯，以及美術商古根漢。此外，還有幾年前去世的電影製片人W．福克斯和哥爾德威等等。

他們的共同點是生活都很節儉，從不做無謂浪費。

關於猶太人的節儉，不妨聽聽一個非猶太人所說的故事：

「我在洛杉磯的猶太大學教書的時候，有一個朋友叫亞伯拉罕．拉姆，年約五十多歲，是一個實業家。他在孩提時代就從俄羅斯移民到美國。和其他剛剛來美的猶太人一樣，父母親當時也是身無分文，但是他勤勉刻苦，最後擁有的財產可以讓他一生衣食無憂。他在好萊塢擁有一所漂亮的樓房，在那裡和妻子二人過著悠閒自得的生活。」

「我曾經去拜訪過他一次，直接了當地開口詢問道：『亞伯拉罕·拉姆，你是怎樣賺到這麼多錢的？』」

「『沒什麼啊！不浪費就可以做到了。』他回答。」

「一般人認爲猶太人十分小氣，但是我和他相交十多年，並沒有感到他像人們想的那樣小氣，至少我還沒有碰到任何事情可以證明猶太人是過度吝嗇的。」

「他們在應該花錢的地方從來不吝嗇，比如對教育和慈善事業，或是具有互助性質的公事業，出手往往十分大方。要做這些事，平時當然要節省一點。」

「吝嗇鬼是對金錢吝嗇，而猶太人是對奢侈的東西吝嗇。我看猶太人應該被稱作『節儉家』。」

「有一天，亞伯拉罕·拉姆帶給我一本外語書，他說：『這本書看起來像是要解釋猶太人經商的秘訣，我想知道裡面寫了些什麼。』」

「我拿來一看，原來是《猶太人的經商策略》，裡面煞有其事地寫著很多猶太人的名字和故事。亞伯拉罕·拉姆聽我把內容譯成英語後，感到非常憤怒。」

「『這算什麼？這本書全是惡意的中傷！只在借猶太人之名宣揚最卑鄙的經

商之道。我們猶太人做生意絕不會用那些骯髒的手段！』」

事實上，正如以上這則案例一樣，許多人不只對猶太人有著誤解，也對致富之道有些許誤會。

一味吝嗇地對人對己是無法擁有富人氣度的，吝嗇和節儉只有一線之隔，該花則花，不必要的花費則十塊錢都嫌多，這樣的精明才真正恰當。

看見失敗時的下一個目標

在人生的遊戲中，失敗時常發生，目光焦點不要老是對著過錯與失敗，應對準遠大的目標，活用自己的過錯或失敗，並相信成功一定會到來。

世界上沒有哪一個民族像猶太民族一樣，經歷過那麼多的不幸，那麼多的壓迫和殺戮。猶太人四處流浪，一再地從血腥的屠殺中掙脫出來，從險象環生的黑暗叢林中突圍，在無盡的偏見和仇視中默默地抗爭、奮鬥著。

面對不幸與欺辱，他們從未被擊倒，身臨困厄與逆境，從不畏縮和氣餒。他們堅信自己是上帝的「特選子民」，只要不失去信念，不停止奮鬥，最終一定會取得勝利。

他們把逆境和打擊看作檢驗自身信念與意志的機會，也看成是下一次成功的墊腳石。他們已經歷了太多的不幸與風浪，習慣了不如意之事十之八九的人生，深知世上絕對沒有一帆風順，凡事只能靠自己。

猶太人認爲人生就是一種掙扎與奮鬥，受到一次打擊就一蹶不振的人才是眞正的失敗者，只要敢於從失敗中重新認識自己，汲取經驗和教訓，就可以達到新的起點，最終取得成功。生活的周遭充滿著困難與障礙，同時也充滿著希望與絕望，眞正要做的就是堅定信念，培植希望。

羅森沃德是美國最大百貨公司西爾斯．婁巴克公司的最主要股東，也是美國二十世紀商界的風雲人物。然而，這個靠服裝生意起家的富翁創業時卻也經歷了許多的失敗與艱辛。

羅森沃德於一八六二年出生在德國的一個猶太人家庭，少年時隨家人移居美國，定居在伊利諾州斯普林菲爾德市。

由於家境不大好，爲了維持生活，中學畢業後，羅森沃德就到紐約的服裝店當跑腿，做些雜工。

羅森沃德從年幼時就受猶太人的教育影響，確立了艱苦奮鬥的精神。他確信凡人皆有出頭日，只要選定了目標，然後堅持不懈地往目標邁進，百折不撓，勝利一定會給予酬報。本著這種精神，他十分賣力地賺了幾百塊錢。

「我要當一個服裝店老闆」，這是羅森沃德的奮鬥目標。爲了實現理想，他除了在工作中留心學習和注意動態外，還把全部的業餘時間投入於學習商業知識，尋找相關的書籍閱讀。

一八八四年，他自認已有些經驗和小小資本，決定自己開設服裝店。可是，他的商店門可羅雀，生意非常不好。經營了一年多，把多年辛苦積存的血汗錢全部都虧光了，只好關門，羅森沃德垂頭喪氣地離開紐約，回伊利諾州去。

羅森沃德痛定思痛，反覆思考自己失敗的原因，最後，他找出了緣由：服裝是人們的生活必需品，但又是一種裝飾品，它既要實用，又要新穎，才能眞正滿足各種用戶的需求。自己經營的服裝店，沒有特色，也沒有任何新意，再加上商店本身未建立起商譽，缺乏銷售管道，註定要失敗。

針對出師不利的原因，羅森沃德決心改進，毫不氣餒地繼續學習研究服裝的經營辦法。他一邊到服裝設計學校去學習，一邊進行服裝市場考察，特別是對世界各國時裝進行專門研究。

一年之後，他對服裝設計已很有心得，對市場行情也看得較爲清楚，於是決定重整旗鼓。

他向朋友借來幾百美元，先在芝加哥開設一間只有四、五坪大小的服裝加工店，除了展出親自設計的新款服飾圖樣外，還可以根據顧客的需求對已定型的服飾進行修改，甚至完全按照口述重新設計。

因爲他的服裝款式多，新穎精美，再加上經營靈活，很快博得了客戶的欣賞，生意十分興旺。

兩年後，他把服裝加工店擴大了數十倍，改爲服裝公司，大批量生產各種時裝。從此以後，財源廣進，聲名鵲起。

猶太人頑強且堅韌的精神意志和挑戰風險、永不氣餒的進取意識，恰恰構成了成功的重要精神支柱，這種精神使他們在充滿競爭的世界舞台上縱橫捭闔，卓爾不群。

猶太人不但敢於冒險，更能於逆境當中從容鎮定，自由應付。他們不僅不怕風險，更善於在風險中施展智慧和生存技巧。

羅森沃德的故事告訴我們，商場如戰場，成功的背後可能有更多的失敗與辛酸。作爲商人，面對失敗，該學習科學家愛迪生坦然且絕不氣餒的精神。

發明大王愛迪生一生有一千項科技發明，當有人問他，經過許多試驗而失敗時，是否感到灰心意冷，他回答說：「不，我會拋棄錯誤的試驗，重新採取別的方法，絕不沮喪。」

的確，面對失敗，一定要記住，絕不氣餒！按現代管理學的說法，失敗就是我們學習曲線和經驗曲線的引數，只有經歷失敗，才能汲取教訓和積累經驗，爲下次的成功做準備。

總結起來，猶太人面對失敗、挫折時，遵循的法則有以下幾點：

• 對「失敗」持正確健康的態度，懂得失敗乃是成功必經的過程。
• 目光不要對著過錯與失敗！應對準遠大的目標，活用自己曾有的錯誤。
• 遇到失敗時，千萬不能氣餒，要堅忍不拔，矢志不移。
• 發現此路不通，要設法別謀出路，使自己順應環境，適應潮流。
• 善於伺機，巧於乘勢，等待機遇。

在人生的遊戲中，失敗時常發生，無須悲觀，因爲這並不意味著沒有希望，相反地，「失敗」是成功之母。活用經驗與錯誤，讓自己更富歷練、更精明，並找出下一個努力的目標，你便能戰勝失敗。

環境越困苦，越能造就財富

通往富有的道路就在你的腳下，只要你執著地去追求，用心地去把握機會，果斷且精明地運用你的膽識，富有就實實在在的在你的身邊。

許多猶太人是從貧困、饑餓中成長起來的，他們最初只是在髒亂不堪的貧民窟中掙扎，然而靠著自強不息的精神，最終走出了貧民窟，走出了旁人蔑視和厭惡的眼光，成爲令人羨慕的巨富和叱吒風雲的超人。

約瑟夫．賀希哈，這位在股票世界常贏少輸的紅人，正是這樣一個從貧民窟中走出來的成功者。

讓我們從瑟夫．賀希哈苦難的童年開始，去追索他曾走過的艱困歷程。賀希哈的奮鬥故事將告訴我們該怎樣去面對挑戰，該如何持續奮鬥，又該怎樣面對生活，如何去回報社會。

一九〇八年五月，熊熊大火燒醒了八歲的小約瑟夫，也把他燒成了一個小乞丐。小約瑟夫與母親和兄弟姊妹們賴以棲身的小房子只剩下斷壁殘垣，散發著縷縷青煙。

大火過後，兄弟姊妹們被別人領養走了，當一對老年夫婦要領養小約瑟夫的時候，他彷彿才從夢中驚醒。「不！就是當乞丐我也要和媽媽在一起。」因爲他從小失卻了父親，再不能離開母親了。

大火燒出一個小乞丐，卻也燒出一個會思考的男孩子。

小約瑟夫不懂，爲什麼有人享福，有人卻得受苦？他也想要去享福的世界，要跨越那條低等和高等之間的鴻溝。

他來到紐約，回到了母親的身邊。城市的新鮮吸引著來自鄉野的小約瑟夫，但是他還沒有看夠這個世界，就被母親帶到另一個天差地別的地方——紐約布魯克林區雜亂骯髒的貧民窟。

不久後，一天下午，小約瑟夫的母親不幸被大火燒傷，住進醫院。醫院裡不乏有鮮花、有地毯、有白衣天使特別護理的病房，但母親卻無人聞問。醫院外，飯店、食品店比比皆是，而自己卻飽一頓餓一頓地在垃圾桶裡找東西吃。爲什麼會有差別待遇？這一切說穿了都是因爲沒有錢。

一聲聲鄙夷的「窮鬼」刺痛了小約瑟夫的自尊心，一塊塊被施捨的餅乾敲醒了小約瑟夫的頭腦，他警醒了：沒有錢永遠會被人看不起！

錢，錢，錢！金錢是旋轉世界的魔法。金碧輝煌的摩天大樓，低矮潮濕的貧民窟；歡樂幸福、沉重悲哀；慷慨大方、爾虞我詐；腦滿腸肥、瘦骨嶙峋……這一切的差異，都和金錢有關。

小約瑟夫下定決心，一定要擁有金錢。

一九一一年春暖花開的季節，曼哈頓區百老匯街紐約證券交易市場熙熙攘攘，年僅十一歲的約瑟夫也在這裡穿梭著，看著，聽著，想著。他的血液在沸騰，心想：「這裡才是我的天堂，我一定要加入這個行列。」

三年以後，十四歲的約瑟夫個子抽得老高，腰挺背闊，從一個小男孩變爲一個男子漢。他沒有徵得母親同意，就不假思索地辭掉了在當時看來很不錯的珠寶店小夥計的工作，雄心勃勃地要向紐約證券交易所的市場進攻。

年輕幼稚的他怎麼也沒想到，當時是第一次世界大戰剛剛開始的時候，紐約證券交易所一派冷清，往日熱鬧非凡的景象早已蕩然無存。

他不得不重新找工作，但決心要找一個與股票相關的工作。然而，沒有一家公司的大門願意向他敞開。

就在他處於絕望邊緣，精神瀕臨崩潰，準備回家接受母親責罵的時候，依奎布大廈愛默生留聲機公司終於指引出一條曙光，接受了他。約瑟夫做了辦公室的收發員，中午還兼任接線生。

他滿腔熱情地開始工作，不久便發現雖然愛默生留聲機公司發行並且經營股票，但與自己從事的工作絲毫沾不上邊。

終於，他在上班六個月後的一天上午，鼓起十二萬分的勇氣敲開了總經理辦公室的門，從容鎮定地走進去，大膽地迎向總經理，露出堅定的目光說：「請讓我做您的股票經紀人。」

在股海衝浪，膽量是首要條件，他以這一點征服了對方。兩個星期後，他開始爲總經理繪製股票行情圖，從不熟悉到熟悉，兢兢業業繪製了三年。

爲了多賺些錢貼補家用，他開始爲華爾街勞倫斯公司做同樣的工作。耳濡目染和苦心鑽研下，約瑟夫的炒股知識和經驗不斷地增長，他越來越成熟了，從股市的門外漢踏進了門內的世界。

一九一七年，約瑟夫十七歲，他不再受雇於人。雖然傾其所有也不過兩百五十五美元，但決心要開創自己的事業。

由於炒股一帆風順，不到一年，賺進十六．八萬美元。但被勝利沖昏了頭腦的他，竟買下了大量因戰爭結束而暴跌的雷卡瓦那鋼鐵公司的股票，轉眼又賠得只剩下四千美元。

冥思苦想之後，他終於明白股市變幻莫測，自己的知識和經驗還相當有限，爲此他瘋狂的學習並遍訪各路股市高手，沒有被困難嚇倒。他想，現在所有總比初涉股市時的本錢多，一定要再努力下去。

一九二四年，他發現未列入證券交易所買賣的某些股票，實際上是有利可圖的，利潤雖然不算大，但風險極小，於是決定把精力放在這些股票上。

開始之時資金不夠，他就和別人合資經營，不到一年，便開設了自己的證券公司——賀希哈證券公司。

到了一九二八年，他已成爲股票大經紀人了，每月收益達二十八萬美元，那年才二十八歲。在當時的金融業，一個初出茅廬的小夥子能擁有這樣一方領地，相當罕見。

不久之後，經濟危機迅速度席捲了美國，又蔓延到西歐，工農業生產下降了三分之一。約瑟夫意識到美國的生意已經很難做了，但今後的道路該怎麼走？

精明的他很快把眼光轉向了礦產豐富的加拿大，一九三三年，於多倫多開設了證券公司，成爲當地屈指一指的大經紀商。

四月，他與加拿大產業鉅子拉班兄弟連袂開設戈納爾黃金公司，以每股二十美分的便宜價格，取得該公司五九．八萬股的上市股票。在他們的參與下，股價扶搖直上，三個月後漲至每股二十五美元，他見股價漲得過熱，料定會出現大的滑坡，因此悄悄地賣出。

果然如他所料，十月股價大跌，他則因先見之明而賺了一百三十萬美元。

從一九三三年到一九五三年的二十年間，約瑟夫不僅擁有了金礦，而且還吞併了諸如鈾礦、鐵礦、銅礦、石油等礦產業，除此之外，房地產生意也做得很成功。他的事業蒸蒸日上，取得了輝煌的成就。

憑著對股票生意的天賦，憑著對股票事業的執著，更憑著他的智慧和膽量，他從成功貧民窟走出，成爲億萬富翁。

即便從衣衫襤褸的乞丐成爲了擁有億萬的富翁，但約瑟夫從未忘記與自己長期合作患難與共的夥伴，更沒有忘記生他、養他、受盡苦難的母親。

他所信仰和奉行的理念是「探索善良」，那是一片廣袤且靜謐的領域。

他始終不能忘記自己曾經有過的艱辛生活，與貧窮有著難以切割的聯繫。因此他向學校捐款，使貧窮人家的孩子也有機會受教育；向盲人醫院、孤兒院捐款，使殘疾和無依無靠的孤兒能活得更幸福。

他特別喜歡資助那些貧窮卻又富有藝術才華的學生們，使他們能夠全心都投入到藝術創作之中。

有人這樣做是爲了贏得公衆的歡心，從而幫助公司的發展，約瑟夫卻不是這種人，他不允許下屬和被捐贈單位張揚。可以說，他在追尋著自己年輕時，因爲生活所迫而無法實現的未完成之夢。

他的事業並不只是賺錢，並不只是股票投機生意，所有慷慨大方而又悄聲無息的捐贈、對藝術的熱愛和對藝術人才的關愛，都是人生價值的體現，而人生價值的實現就是他的事業。做股票投機生意獲取金錢只是實現人生價值的經濟基礎，因爲若沒有這個基礎，就談不上捐贈，更談不上藝術追求。

他也認爲做股票投機生意使自己體會到生命的樂趣和心靈火花的激蕩，足以感覺自己還年輕，還有敏捷的思維，足以和年輕人搏一搏。

約瑟夫說，一時的輸贏並不重要，重要的是個性的充分展現。他有句很瀟灑的話：「不要問我能贏多少，而要問我能輸得起多少。」

從貧窮到富有，從乞丐到富翁，從約瑟夫令人驚心動魄的傳奇經歷中，我們不難發現通往富有的道路就在自己的腳下。

是的，只要你執著地去追求，用心地去把握機會，果斷且精明地運用你的膽識，富有就實實在在地在你的身邊。

國家圖書館出版品預行編目資料

大家都在學的猶太智富秘訣／
倪思安著. —第1版. —：新北市, 前景
民108.01面；公分. - (智富館：02)
ISBN◉978-986-6536-75-5 (平裝)

作　　者　倪思安
社　　長　陳維都
藝術總監　黃聖文
編輯總監　王　凌
出 版 者　前景文化事業有限公司
行銷企劃　普天出版家族有限公司
新北市汐止區康寧街169巷25號6樓
TEL / (02) 26921935 (代表號)
FAX / (02) 26959332
E-mail：popular.press@msa.hinet.net
http://www.popu.com.tw/
郵政劃撥 19091443 陳維都帳戶
總 經 銷　旭昇圖書有限公司
新北市中和區中山路二段352號2F
TEL / (02) 22451480（代表號）
FAX / (02) 22451479
E-mail：s1686688@ms31.hinet.net
法律顧問　西華律師事務所・黃憲男律師
電腦排版　巨新電腦排版有限公司
印製裝訂　久裕印刷事業有限公司
出 版 日　2019 (民108) 年1月第1版
ISBN◉978-986-6536-75-5　　條碼 9789866536755

智富館
02
大家都在學的猶太智富秘訣